AF256270

Italiensk Smagseksplosion

En Kulinarisk Rejse til Det Solrige Italien

Lorenzo Rossi

INDHOLDSFORTEGNELSE

Fyldt kylling i Ragù

Ripieno kylling i Ragù

Giver 6 portioner

Min bedstemor plejede at lave kylling på denne måde til fester og særlige lejligheder. Ikke alene smager farsen som indersiden af kyllingen, men hver bid af fars, der vælter ud i saucen, giver den ekstra smag.

En generøs mængde sauce overtrækker kyllingen. Du kan stille den til side til at servere med pasta til et andet måltid.

8 ounce spinat, hakket

8 oz hakkebøf

1 stort æg, pisket

1/4 kop tørre brødkrummer

11/4 kop friskrevet Roman Pecorino

Salt og friskkværnet sort peber

1 kylling (31/2 til 4 pund)

2 spsk olivenolie

1 mellemstor løg, hakket

1 1/2 kop tør hvidvin

1 dåse (28 oz.) flåede tomater, passeret gennem en fødevaremølle

1 laurbærblad

1.Læg spinaten i en stor gryde ved middel varme med 1/4 kop vand. Dæk til og kog i 2-3 minutter, eller indtil de er bløde og møre. Dræn og afkøl. Pak spinaten ind i et fnugfrit klæde og pres så meget vand ud som muligt. Hak spinaten fint.

2.Bland hakket spinat, oksekød, æg, rasp, ost og salt og peber efter smag i en stor skål. bland godt

3.Skyl kyllingen og dup den tør. Drys indvendigt og udvendigt med salt og peber. Fyld kyllingehulen løst med fyld.

4.Varm olien op i en stor tyk gryde over medium varme. Tilsæt kyllingebrystsiden nedad. Bages i 10 minutter eller indtil de er gyldenbrune. Vend kyllingen med brystsiden opad. Fordel løget rundt om kyllingen og brun det, cirka 10 minutter mere. Fordel det resterende fyld rundt om kyllingen. Tilsæt vinen og lad det simre i 1 minut. Hæld tomater, laurbærblad og salt og peber efter smag på kyllingen. Sænk varmen og dæk gryden delvist. Bages i 30 minutter.

5. Vend forsigtigt kyllingen. Kog delvist tildækket i yderligere 30 minutter. Hvis saucen er for tynd, åbnes gryden. Bag i yderligere 15 minutter, eller indtil kyllingen trækker sig væk fra benet, når den prikkes med en gaffel.

6. Fjern kyllingen fra saucen. Skær kyllingen i skiver og læg den på en tallerken. Fjern fedtet fra saucen med en stor ske eller en fedtudskiller. Dryp lidt af saucen over kyllingen og server varm.

Stegt kogt kylling

Stegt kylling

Giver 4 portioner

En ven fra gymnasiet, Leona Ancona Cantone, fortalte mig, at hendes mor, hvis familie var fra Abruzzo, gjorde sådan noget for mange år siden. Jeg forestiller mig, at opskriften kom til at få mest muligt ud af kyllingen, da den både laver bouillon og stegt kød. Tilberednings- og stegemetoden gør dette til en meget mør fugl.

1 kylling (31⁄2 til 4 pund)

1 gulerod

1 hakke selleri

1 pillet løg

4 eller 5 kviste persille

Sal

2⁄3 kop brødkrummer

1⁄3 kop friskrevet Parmigiano-Reggiano

11/2 tsk tørret oregano, knust

2-3 spsk olivenolie

2 spsk citronsaft

Friskkværnet sort peber

1.Skubber spidserne af vingerne bagud. · Læg kyllingen i en stor
gryde og tilsæt koldt vand, så det dækker. Bring væsken i kog
og kog i 10 minutter. Fjern skummet med en stor ske.

2.Tilsæt gulerod, selleri, løg, persille og salt efter smag. Kog
over medium-lav varme, indtil kyllingen er mør og saften
løber klar, når den gennembores med en gaffel, cirka 45
minutter. Fjern kyllingen fra gryden. (Du kan tilføje flere
ingredienser til bouillonen, såsom rester af kød eller kylling,
og koge i ca. 60 minutter. Si og afkøl bouillonen eller frys den
til supper eller andre formål.)

3.Sæt risten i midten af ovnen. Forvarm ovnen til 450 ° F. Smør
en stor bageplade.

4.Bland rasp, ost, oregano, olivenolie, citronsaft og salt og peber
efter smag på en tallerken.

5.Til servering skæres kyllingen i stykker med en tung køkkensaks. Dyp kyllingen i brødkrummerne, smid dem i. Læg kyllingen i det tilberedte ovnfad.

6.Bag i 30 minutter eller indtil bunden er gylden og sprød. Serveres varm eller ved stuetemperatur.

Kylling under en mursten

Matts kylling

Giver 2 portioner

Strimlet og fladtrykt kylling, kogt under vægt, er sprød på ydersiden og saftig indeni. I Toscana kan du købe en speciel tung terracotta-skive, der flader kyllingen ud og holder den jævnt mod grydens overflade. Jeg bruger en kraftig støbejernspande beklædt med alufolie til vægten, men almindelige klodser pakket ind i alufolie vil også fungere godt. Det er vigtigt at bruge en meget lille høne eller endda en Cornish høne til denne opskrift; ellers vil det tørre ud udvendigt, før det udbenede kød er tilberedt.

1 lille kylling (ca. 3 pund)

Salt og friskkværnet sort peber

1/3 kop olivenolie

1 citron skåret i strimler

1.Dup kyllingen tør. Brug en stor kokkekniv eller fjerkræsaks til at skære kyllingen langs rygraden. På et skærebræt skal du åbne kyllingen fladt som en bog. Skær sphenoidbenet, der adskiller brysterne. Fjern vingespidserne og den anden vingesektion fra samlingen. Flad kyllingen ved forsigtigt at slå den med en gummihammer eller en anden tung genstand. Drys rigeligt med salt og peber på begge sider.

2.Vælg en pande, der kan holde den flade kylling og vægten. Vælg en anden pande eller en tung pande, der kan presse kyllingen jævnt ned. Dæk bunden med folie, sæt foliens kanter på indersiden af gryden. Hvis det er nødvendigt for vægt, fyld en foliebeklædt gryde med mursten.

3.Hæld olie i en gryde og varm op ved middel varme. Tilsæt kyllingen med skindsiden nedad. Læg vægten ovenpå. Bages, indtil huden er gyldenbrun, 12 til 15 minutter.

4.Skub en tynd spatel under kyllingen for at frigøre den fra panden. Vend forsigtigt kyllingen med skindsiden opad. Udskift vægten og kog kyllingen, indtil saften er klar, når låret er gennemboret, cirka 12 minutter. Serveres varm med citronbåde.

Citron kylling salat

Citron kylling salat

Giver 6 portioner

En meget varm sommerdag, da jeg var i Bordighera, Ligurien, nær den franske grænse, stoppede jeg ved en café for at spise morgenmad og komme ud af solen. Tjeneren anbefalede denne frisklavede kyllingesalat, som mindede mig om en salat niçoise, jeg havde et par dage tidligere i Frankrig. Tun på dåse er karakteristisk for Nice, men den italienske udgave med kylling er også god.

Dette er en hurtig kyllingesalat, så jeg bruger kyllingebryst, men du kan lave den med hele kyllinger. Kyllingen kan tilberedes i forvejen og marineres i saucen, men grøntsagerne smager bedre, hvis de ikke er frosne efter tilberedning. Du kan opbevare dem ved stuetemperatur i cirka en time, indtil de er klar til at samle salaten.

4 hjemmelavede kopperHønsekødssuppe, eller en butikskøbt bouillon og vandblanding

4 til 6 små søde kartofler, såsom Yukon Gold

8 ounces eksotiske, skåret i 1-tommers stykker

Sal

2 pund udbenet, hudfri, fedtfri kyllingebryst

med bandage

11/2 kop ekstra jomfru olivenolie

2 spsk frisk citronsaft eller efter smag

1 spsk kapers, skyllet, drænet og hakket

11/2 tsk tørret oregano, knust

Salt og friskkværnet sort peber

2 mellemstore tomater, skåret i strimler

1.Tilbered eventuelt bouillonen. Læg kartoflerne i en gryde. Tilsæt koldt vand til dækning. Dæk gryden med låg og lad vandet koge. Bages indtil de er møre, når de er gennemboret med en kniv, cirka 20 minutter. Dræn kartoflerne og lad afkøle lidt. Skræl skindet.

2.Bring vand i kog i en mellemstor gryde. Tilsæt bløde bønner
og salt efter smag. Kog indtil bønnerne er møre, cirka 10
minutter. Dræn bønnerne og afkøl under rindende vand. Dup
bønnerne tørre.

3.Bring fonden i kog i en stor gryde (hvis den ikke allerede er
færdig). Tilsæt kyllingebryst og dæk gryden. Bag kyllingen,
vend én gang, i 15 minutter, eller indtil den er mør og saften
er klar, når den gennembores med en gaffel. Dræn
kyllingebrystene, behold fonden til anden brug. Skær
kyllingen på tværs og læg den i en mellemstor skål.

4.Bland ingredienserne til pynt i en lille skål. Hæld halvdelen af
saucen over kyllingen. Kast stykkerne godt, så de overlapper
hinanden. Test og juster saunaen. Læg kyllingen i midten af en
stor ovnfast fad. Dæk til og afkøl i op til 2 timer.

5.Arranger de bløde bønner, kartofler og tomater rundt om
kyllingen. Drys med resterende toppings og server med det
samme.

Kyllingesalat med to peberfrugter

Kyllingesalat med pepperoni

Gør 8 til 10 portioner

Både ristede peberfrugter og syltede varme kirsebærpeber giver interesse til denne salat. Hvis kirsebær chili ikke er tilgængelig, erstatte en anden syltet chili såsom jalapeño eller pepperoncí. Brændt peberfrugt i en krukke er praktisk, hvis du ikke har tid til at stege din egen. Denne opskrift giver meget kylling, så den er perfekt til en fest. Hvis det ønskes, kan opskriften sagtens halveres.

2 små kyllinger (ca. 3 pund hver)

2 gulerødder

2 selleristængler

1 løg

Et par kviste persille

Sal

6 korn sort peber

6 røde eller gule klokker<u>Ristede morroner</u>, skræl og skær i tynde strimler

Salsa

11/2 kop olivenolie

3 spiseskefulde vineddike

11/4 kop hakket frisk persille

2 spsk finthakket syltet kirsebærpeber eller efter smag

1 finthakket fed hvidløg

4 til 6 kopper blandet salat

1. Læg kyllingerne i en stor gryde og tilsæt koldt vand, så det dækker. Bring væsken i kog og kog i 10 minutter. Skum eventuelt skum af, der kommer op til overfladen med en ske, og kassér det.

2. Tilsæt gulerod, selleri, løg, persille og salt efter smag. Kog over medium-lav varme, indtil kyllingen er mør og saften er klar, cirka 45 minutter.

3.Rist samtidig paprika evt. Når kyllingen er kogt, tages den ud af gryden. Gem bouillonen til anden brug.

4.Lad kanalen dræne og afkøle. Fjern kødet. Skær kødet i 2-tommer stykker og læg dem i en skål med de ristede peberfrugter.

5.I en mellemstor skål kombineres ingredienserne til dressingen. Dryp halvdelen af saucen over kylling og peberfrugt og vend godt rundt. Dæk til og stil på køl i op til 2 timer.

6.Lige før servering, slyng kyllingen med den resterende sauce. Smag til og juster krydderiet, tilsæt mere eddike om nødvendigt. For at servere overføres grøntsagerne til en tallerken. Dæk med kylling og paprika. Server straks.

Kyllingesalat i Piemonte stil

Piemontesisk kyllingesalat

Giver 6 portioner

I Piemonte-regionen begynder restaurantmåltider normalt med en lang række antipasti. Så jeg prøvede denne salat for første gang på Belvedere, en klassisk restaurant i området. Jeg serverer den gerne som hovedret til frokost om foråret eller sommeren.

For et hurtigt måltid, lav denne salat med stegt kylling i butikken i stedet for pocheret kylling. Kalkunstegt ville også være godt.

1 kylling (31/2 til 4 pund)

2 gulerødder

2 selleristængler

1 løg

Et par kviste persille

Sal

6 korn sort peber

8 ounce hvide svampe, i tynde skiver

2 selleristænger, skåret i tynde skiver

11/4 kop olivenolie

1 dåse (2 oz) ansjosfileter, drænet og hakket

1 tsk dijonsennep

2 spsk friskpresset citronsaft

Salt og friskkværnet sort peber

Omkring 6 kopper salatgrønt, skåret i små stykker

Et lille stykke Parmigiano-Reggiano

1.· Læg kyllingen i en stor gryde og tilsæt koldt vand, så det dækker. Bring væsken i kog og kog i 10 minutter. Skum eventuelt skum af, der stiger til overfladen, med en stor ske.

2.Tilsæt gulerødder, selleri, løg, persille og salt efter smag. Kog over medium-lav varme, indtil kyllingen er mør og saften er klar, cirka 45 minutter. Fjern kyllingen fra gryden. Gem bouillonen til anden brug.

3.Lad kanalen dræne og køle lidt af. Fjern kødet fra skind og ben. Skær kødet i 2-tommer stykker.

4.I en stor skål kombineres kyllingestykker, svampe og tynde skiver selleri.

5.I en mellemstor skål blandes olie, ansjoser, sennep, citronsaft og salt og peber sammen efter smag. Bland kyllingeblandingen med pynten. Anret salaten på en tallerken og dæk med kyllingeblandingen.

6.Barber Parmigiano-Reggiano på salaten med en roterende grøntsagsskræller. Server straks.

Kalkunbryst med rullet fyld

Rollata di Tacchino

Giver 6 portioner

Halve kalkunbryst er nemme at finde i de fleste supermarkeder. I denne Emilia-Romagna-ret rulles kødet efter udbening og fladning af kalkunbrystet sammen og steges med skindet på for at holde det fugtigt. Server bøffen varm eller kold. Det er også en god sandwich serveret med citronmayonnaise.

1/2 kalkunbryst (ca. 21/2 pund)

1 finthakket fed hvidløg

1 spsk frisk hakket rosmarin

Salt og friskkværnet sort peber

2 ounce importeret italiensk prosciutto, i tynde skiver

2 spsk olivenolie

1.Sæt risten i midten af ovnen. Forvarm ovnen til 350 ° F. Smør
  en lille bageplade.

2.Brug en skarp kniv til at fjerne skindet fra kalkunen i ét stykke. Læg det til side. Skær kalkunbrystet af benet. Læg brystet på skærebrættet med knoglen opad. Start ved den ene langside, skær kalkunbrystet i to på langs, og stop ved den anden langside. Åbn kalkunbrystet som en bog. Flad kalkunen med en kødhammer, indtil den er cirka 1/2 tomme tyk.

3.Drys hvidløg, rosmarin og salt og peber efter smag på kalkunen. Læg prosciuttoen ovenpå. Rul kødet til en cylinder, start fra den ene langside. Læg kalkunskindet på rullen. Bind rullen med køkkengarn med 2-tommers mellemrum. Læg den rullede søm nedad i den forberedte gryde. Dryp med olie og drys med salt og peber.

4.Steg kalkunen i 50 til 60 minutter, eller indtil kødets indre temperatur er 155 ° F på et øjeblikkeligt aflæst termometer. Lad hvile i 15 minutter før udskæring. Serveres varm eller ved stuetemperatur.

Pocheret kalkunkødsbrød

Polpettone di Tacchino

Giver 6 portioner

I Italien skæres kalkunen ofte i stykker eller males frem for at blive stegt hel. Denne Piemonte-fossaga er opvarmet, hvilket giver den en mere paté-agtig tekstur.

Denne ild er fantastisk både kold og varm. Server sammen<u>grøn sauce</u>eller frisk tomatsauce.

4 til 5 skiver italiensk brød, skorpefri og skåret i stykker (ca. 1 kop)

$1$1/2 kop mælk

2 spsk hakket frisk persille

1 stort fed hvidløg

4 ounce bacon, hakket

$1/2$ kop friskrevet Parmigiano-Reggiano

Salt og friskkværnet sort peber

1 pund malet kalkun

2 store æg

1⁄4 kop pistacienødder, skrællet og skåret i store stykker

1.Udblød brødet i kold mælk i 5 minutter eller indtil det er blødt. Tryk forsigtigt på brødet og kom det i en foodprocessor med stålklinge. Afvis mælken.

2.Tilsæt persille, hvidløg, bacon, ost og salt og peber efter smag. Behandle indtil fint hakket. Tilsæt kalkun og æg og rør til det er glat. Tilsæt pistacienødderne med en spatel.

3.Spred et 14 x 12-tommer stykke fugtet osteklæde på en flad overflade. Form kalkunblandingen til en 8 x 3-tommers patty og læg den på en bageplade. Pak kalkunen ind i klædet og rul den helt sammen. Brug køkkengarn til at binde brødet med 2-tommers mellemrum, som du ville binde en bøf.

4.Fyld en stor gryde med 3 liter koldt vand. Bring væsken i kog.

5.Tilsæt delvist tildækket fogasca, og sæt den i 45 minutter, eller indtil saften er klar, når den gennembores med en gaffel i midten af fogasca.

6.Fjern brødet fra væsken og lad det køle af i 10 minutter. Pak ud og skær til servering.

Kalkunruller med rødvinstomatsauce

Rollatini i pinkvinsauce

Giver 4 portioner

Da jeg først blev gift, gav en nabo mig denne opskrift fra hendes families hjemegn Puglia. Jeg har leget med det i årevis, og selvom han brugte okseribben, foretrækker jeg kalkun. Rullerne kan forberedes på forhånd og opbevares i køleskabet. De genopvarmer meget godt en dag eller to senere.

4 ounce hakkebøf eller kalkun

2 ounce bacon, fint hakket

11/4 kop hakket frisk persille

1 lille fed hvidløg, finthakket

1/4 kop tørre brødkrummer

Salt og friskkværnet sort peber

11/4 pund tynde skiver kalkun ribben, skåret i 12 stykker

2 spsk olivenolie

11/2 kop tør rødvin

2 kopper friske flåede, frøede og hakkede tomater eller tørrede og hakkede dåsetomater

En knivspids knust rød peber

1. I en stor skål blandes oksekød, bacon, persille, hvidløg, rasp og salt og peber efter smag. Form blandingen til 12 små pølser på cirka 3 centimeter lange. Læg pølsen oven på kalkunribben. Rul kødet for at lukke pølsen. Brug en tandstik til at fastgøre rullen på midten parallelt med rullen. Gentag med de resterende pølser og ribben.

2. Varm olivenolien op i en medium gryde ved middel varme. Tilsæt rullerne og brun dem i cirka 10 minutter. Tilsæt vinen og bring det i kog. Kog i 1 minut, vend rullerne.

3. Tilsæt tomater, salt efter smag og en knivspids stødt rød peber. Reducer varmen til lav. Dæk gryden delvist. Bages, tilsæt om nødvendigt lidt varmt vand for at forhindre, at saucen tørrer for meget, i 20 minutter, eller indtil bollerne er bløde, når de gennembores med en gaffel.

4.Læg bollerne i bageformen. Fjern spisepindene og hæld saucen over. Serveres varm.

Andebryst med søde og sure figner

Andebryst med Agrodolce di Fichi

Giver 4 portioner

Denne moderne piemontesiske opskrift på ristede andebryst med figner og balsamicoeddike er perfekt til en speciel middag. Andebryst er bedst, når det tilberedes ved middel varme og stadig lyserødt i den tykkeste del. Server med smørsmurt spinat og kartoffelgratin.

2 udbenede andebryst (ca. 2 pund hver)

Salt og friskkværnet sort peber

8 friske modne grønne eller sorte figner eller tørrede figner

1 skefuld sukker

11/4 kop balsamicoeddike

1 spsk usaltet smør

1 spsk frisk hakket persille

1.Tag andebrystene ud af køleskabet 30 minutter før
tilberedning. Skyl andebrystene og dup dem tørre. Lav 2 eller
3 diagonale snit i skindet på andebrystene uden at skære
kødet. Drys rigeligt med salt og peber.

2.Skær imens de friske figner i halve eller kvarte, hvis de er
store. Hvis du bruger tørrede figner, læg dem i blød i varmt
vand i 15-30 minutter, indtil de bliver tykke. Dræn, og skær
derefter i kvarte.

3.Sæt risten i midten af ovnen. Forvarm ovnen til 350 ° F.
Forbered en lille bageplade.

4.Opvarm en stor nonstick-gryde over medium-høj varme.
Tilsæt andebryst med skindsiden nedad. Kog anden, uden at
vende, indtil skindet er gyldenbrunt, 4 til 5 minutter.

5.Smør bagepladen med lidt andefedt fra panden. Læg
andebrystene med skindsiden opad i gryden og steg i 5-6
minutter eller indtil kødet er rosa, når det skæres i den
tykkeste del.

6.Mens anden er i ovnen, hældes fedtet fra panden, men tør det
ikke af. Tilsæt figner, sukker og balsamicoeddike. Kog rundt i

gryden, indtil væsken er tyknet lidt, cirka 2 minutter. Tag af varmen og rør smørret i.

7.Når du er klar, overføres andebrystene til et skærebræt. Skær kyllingebrystene i 3/4-tommers diagonale skiver. Anret skiverne på 4 varme tallerkener til servering. Hæld figensaucen. Drys med persille og server med det samme.

Andesteg med krydderier

Duck allo Spezie

Gør 2 til 4 portioner

I Piemonte stuves vildænder i rødvin, eddike og krydderier. Da indenlandske Pekingænder, der er tilgængelige i USA, er meget fede, tilpassede jeg denne opskrift til stegning. Der er ikke meget kød i anden, så forvent kun at få to store portioner eller fire små. Fjerkræsaks er en stor hjælp, når du skærer anden i stykker til servering.

1 and (ca. 5 pund)

2 hakkede fed hvidløg

2 mellemstore løg, skåret i tynde skiver

1 spsk frisk hakket rosmarin

3 sunde tænder

1 1/2 tsk kanelpulver

1 1/4 kop tør rødvin

2 spsk rødvinseddike

1.Prik skindet over det hele med en gaffel, så fedtet slipper ud, mens det koger. Pas på kun at gennembore hudens overflade og undgå at gennembore kødet.

2.I en mellemstor skål kombineres hvidløg, løg, rosmarin, nelliker og kanel. Fordel cirka en tredjedel af blandingen på den midterste bageplade. Læg anden i gryden og fyld en del med blandingen. Læg den resterende blanding oven på anden. Dæk til og stil på køl natten over.

3.Sæt risten i midten af ovnen. Forvarm ovnen til 325 ° F. Fjern marinade ingredienser fra and og læg i gryden. Steg andebrystet nedad i 30 minutter.

4.Vend andebrystet og hæld vin og eddike over. Steg i 1 time, dryp hvert 15. minut med pandevæsken. Øg ovntemperaturen til 400°F. Bages i yderligere 30 minutter, eller indtil anden er pænt brunet, og låret registrerer 175 ° F på et øjeblikkeligt termometer.

5.Læg anden på et skærebræt. Dæk med aluminiumsfolie og lad hvile i 15 minutter. Si pandesaften og skum fedtet af med en ske. Opvarm evt. pandesaften.

6.Skær anden i portioner og server varm med saft.

Pandestegte vagtler med svinekød

Spil Tegame med Funghi Porcin

Gør 4 til 8 portioner

I Buttrio, Friuli-Venezia Giulia, spiste min mand og jeg på Trattoria Al Parco, en restaurant, der har været i gang siden 1920'erne. Hjertet i restauranten er pejsen, en kæmpe pejs, der er karakteristisk for husstande i området. Befolkningen i Friuli har ofte gode barndomsminder om aftener tilbragt ved ildstedet, hvor de laver mad og fortæller historier. Al Parcos bålsted er tændt hver aften og bruges til at stege kød og svampe. Den aften, vi var der, var det særlige fugle i en rig svampesauce.

1 ounce porcini-svampe, tørrede (ca. 3/4 kop)

2 kopper varmt vand

8 vagtler lavet som vist til højre

8 salvieblade

4 skiver bacon

Salt og friskkværnet sort peber

2 spsk usaltet smør

1 spsk olivenolie

1 lille løg finthakket

1 finthakket gulerod

1 mør selleristængel, finthakket

11/2 kop tør hvidvin

2 teskefulde tomatpure

1.Udblød svampene i vand i mindst 30 minutter. Fjern
svampene fra vandet, behold væsken. Skyl svampene under
koldt rindende vand, og vær særlig opmærksom på enderne
af stilkene, hvor snavs samler sig. Si den reserverede
svampevæske gennem et stofserviet eller et papirkaffefilter
ned i en skål. Hak svampene i store stykker. Lad det ligge til
side.

2.Skyl vagtlen indvendigt og udvendigt og tør grundigt. Tjek for
disse fjer og fjern dem. Læg et stykke bacon, et salvieblad og
en knivspids salt og peber.

3.Varm smør og olie op i en stor pande ved middel varme. Tilsæt vagtler og kog, vend lejlighedsvis, indtil de er gyldenbrune, cirka 15 minutter. Læg vagtlen på en tallerken. Tilsæt løg, gulerod og selleri til gryden. Kog, omrør ofte, i 5 minutter, eller indtil de er bløde.

4.Tilsæt vinen og lad det simre i 1 minut. Tilsæt svampe, tomatpure og svampevæske. Kom vagtlerne tilbage i gryden. Drys med salt og peber.

5.Bring væsken i kog. Reducer varmen til lav. Dæk og kog, vend og dryp vagtlen af og til, i cirka 1 time, eller indtil fuglene er meget møre, når de gennembores med en gaffel.

6.Hvis der er for meget væske i gryden, så læg vagtlen over på et serveringsfad og dæk med alufolie for at holde varmen. Øg varmen til høj og kog væsken, indtil den reduceres. Hæld saucen over vagtlen og server med det samme.

Grillet vagtler

Qualie alla Griglia

Serverer 2 til 4

Orvietos restaurant La Badia har specialiseret sig i kød tilberedt på en brændefyret grill. Pølser, fjerkræ og ristede bønner roterer langsomt hen over flammerne og fylder restauranten med lækre aromaer. Disse grillede eller ristede vagtler er inspireret af dem, jeg spiste i Umbrien. Fuglene er sprøde udenpå og saftige indeni.

4 vagtler, optøet hvis de er frosne

1 stort fed hvidløg, finthakket

1 spsk frisk hakket rosmarin

1 1/4 kop olivenolie

Salt og friskkværnet sort peber

1 citron skåret i strimler

1. Skyl vagtlen indvendigt og udvendigt og tør grundigt. Tjek for disse fjer og fjern dem. Brug fjerkræsaks til at skære vagtlen i

to langs ryggen og brystbenet. Bank forsigtigt på
vagtelhalvdelene med en kødhammer eller gummihammer for
at flade dem lidt.

2.I en stor skål kombineres hvidløg, rosmarin, olie, salt og peber
efter smag. Tilsæt vagtlen til skålen, vend til belægning. Dæk
til og afkøl i 1 time til natten over.

3.Placer grillen eller grillen omkring 5 tommer fra varmekilden.
Varm grillen eller grillen op.

4.Grill eller steg vagtelhalvdelene, indtil de er godt brune på
begge sider, cirka 10 minutter. Serveres varm med
citronbåde.

Vagtel med tomat og rosmarin

Quaglie med sauce

Gør 4 til 8 portioner

Beliggende ved Adriaterhavskysten i det sydlige Italien er Molise en af landets mindre kendte regioner. Det er hovedsageligt landbrug, med få muligheder for turister, og indtil 1960'erne var faktisk en del af den kombinerede region Abruzzo og Molise. Min mand og jeg besøgte Majo di Norante, en vingård og agroturisme (en fungerende gård eller vingård, der fungerer som en kro), som producerer nogle af de bedste vine i regionen.

Vi spiste vagtler i en let tomatsauce smagt til med rosmarin på Vecchia Trattoria da Tonino i Campobasso. Prøv det med en Majo di Norante-vin som Sangiovese.

1 lille hakket løg

2 ounce hakket bacon

2 spsk olivenolie

8 friske eller optøede frosne vagtler

1 spsk frisk hakket rosmarin

Salt og friskkværnet sort peber

3 spiseskefulde tomatpure

1 kop tør hvidvin

1.I en stor stegepande med tætsluttende låg koges løg og bacon i olivenolien ved middel varme, indtil løget er gyldent, cirka 10 minutter. Skub ingredienserne til siderne af gryden.

2.Skyl vagtlen indvendigt og udvendigt og tør grundigt. Tjek for disse fjer og fjern dem. Kom vagtlerne i gryden og brun dem i cirka 15 minutter. Drys med rosmarin og salt og peber efter smag.

3.Kombiner tomatpuré og vin i en lille skål. Hæld blandingen over vagtlen og vend godt rundt. Reducer varmen til lav. Dæk til og kog, vend vagtlen af og til, i cirka 50 minutter, eller indtil de er meget møre, når de gennembores med en gaffel. Serveres varm.

Stuvet vagtel

Quaglie Stufate

Giver 4 portioner

Gianni Cosetti er kok og ejer af Roma-restauranten i Tolmezzo, i den bjergrige Carnia-region Friuli-Venezia Giulia. Det er berømt for sine moderne fortolkninger af traditionelle opskrifter og lokale råvarer. Da jeg spiste der, fortalte han mig, at denne opskrift traditionelt er lavet af cucas, små fuglevildt, der jages, når de passerer gennem området på deres årlige træk. I dag bruger Gianni kun friske fuglevildt og pakker dem ind i en baconjakke for at holde dem fugtige og møre, mens de laver mad. Han foreslog at servere dem med schioppetini, en rødvin fra Friuli.

8 vagtler

16 enebær

Cirka 16 friske salvieblade

4 fed hvidløg, skåret i tynde skiver

Salt og friskkværnet sort peber

8 tynde skiver bacon

2 spsk usaltet smør

2 spsk olivenolie

1 kop tør hvidvin

1.Skyl vagtlen indvendigt og udvendigt og tør grundigt. Tjek for disse fjer og fjern dem. Fyld hver vagtel med 2 enebær, et salvieblad og et par fed hvidløg. Drys fuglene med salt og peber. Læg et salvieblad på hver vagtel. Rul baconen ud og vikl en skive omkring hver vagtel. Bind et stykke køkkensnor om baconen for at holde den på plads.

2.I en stor gryde med tætsluttende låg smeltes ved middel varme eller med olie. Tilsæt vagtler og brun fuglene i cirka 15 minutter.

3.Tilsæt vinen og bring det i kog. Dæk gryden til, reducer varmen og kog vagtlen, vend og dryp flere gange med væsken, i 45-50 minutter eller indtil vagtlen er meget mør. Tilsæt lidt vand, hvis panden tørrer for meget ud. Serveres varm.

Grillet bøf, florentinsk stil

Bøf Fiorentina

Gør 6 til 8 portioner

Den bedste kvalitet italiensk oksekød kommer fra en stor ren hvid race kendt som Chianina. Opkaldt efter Chiana-dalen i Toscana, menes denne race at være en af de ældste racer af tamkvæg. De blev oprindeligt betragtet som trækdyr og blev avlet til at være meget store og føjelige. Da maskiner har overtaget deres arbejde på moderne gårde, opdrættes Chianina-kvæg nu til kvalitetskød.

Porterhouse-bøffer, som er T-benet kort lænd og mørbrad, skæres af Chianina-hovedkød og tilberedes på denne måde i Toscana. Selvom Chianina oksekød ikke er tilgængeligt i USA, kan du stadig lave lækre bøffer med denne opskrift. Køb kød af den bedste kvalitet.

2 porterhouse bøffer, 11/2 tomme tykke (ca. 2 pund hver)

Salt og friskkværnet sort peber

Ekstra jomfru oliven olie

Citronskiver

1. Placer grillen eller grillen omkring 4 tommer fra varmekilden. Varm grillen eller grillen op.

2. Drys bøfferne med salt og peber. Grill kødet i 4-5 minutter. Vend kødet med en tang og steg i ca. 4 minutter mere til almindeligt, eller 5 til 6 minutter, afhængigt af tykkelsen af bøfferne. For at tjekke om den er kogt, lav et lille snit i den tykkeste del. For længere tilberedning, flyt bøfferne til en køligere del af grillen.

3. Lad bøfferne hvile i 5 minutter, inden de skæres på kryds og tværs i tynde skiver. Drys med mere salt og peber. Dryp med olie. Serveres varm med citronbåde.

Filet med balsamico glasur

Balsamico bøf

Giver 6 portioner

Mager, benfri nederdelbøf smager fantastisk, når den slynges med balsamicoeddike og olivenolie før grillning eller stegning. Balsamicoeddike indeholder naturligt sukker, så når det påføres kød før grillning, stegning eller stegning, hjælper det med at danne en flot brun skorpe, der lukker saften ind og blødgør smagen. Brug den bedste balsamicoeddike, der findes.

2 spsk ekstra jomfru olivenolie plus mere til drypning

2 spsk balsamicoeddike

1 finthakket fed hvidløg

1 skørtebøf, cirka 11/2 pund

Salt og friskkværnet sort peber

1.Kombiner olie, eddike og hvidløg i et lavt fad, der holder bøffen. Tilsæt bøf, vend til belægning med marinade. Dæk til og stil på køl i op til 1 time, vend bøffen af og til.

2.Placer grillen eller grillen omkring 4 tommer fra varmekilden. Varm grillen eller grillen op. Fjern bøffen fra marinaden og dup den tør. Steg eller steg bøffen i 3-4 minutter. Vend kødet med en tang og steg i cirka 3 minutter mere i en almindelig eller 4 minutter, afhængig af tykkelsen af bøffen. For at tjekke om den er kogt, lav et lille snit i den tykkeste del. For længere tilberedning, flyt bøffen til en køligere del af grillen.

3.Drys bøffen med salt og peber. Lad hvile i 5 minutter, inden du skærer kødet på tværs af kornet i tynde skiver. Dryp lidt ekstra jomfru olivenolie ovenpå.

Kammuslingfilet med skalotteløg, bacon og rødvin

Bistecca i Rosso vin

Giver 4 portioner

Møre bøffer med svær forstærkes med bacon, skalotteløg og rødvin.

2 spsk usaltet smør

1 tyk skive bacon (ca. 1 ounce), finthakket

2 udbenede kammuslingfileter, cirka 1 tomme tykke

Salt og friskkværnet sort peber

$1$1/4 kop hakkede skalotteløg

$1$1/2 kop tør rødvin

1/2 kop hjemmelavet<u>Kødbouillon</u>eller købt oksebouillon

2 spsk balsamicoeddike

1.Forvarm ovnen til 200 ° F. Smelt 1 spsk smør i en stor
stegepande over medium varme. Tilsæt bacon. Kog indtil

baconen er brunet, cirka 5 minutter. Fjern baconen med en skimmer og hæld fedtet fra.

2.Dup bøfferne tørre. I samme gryde smeltes den resterende spiseskefuld smør ved middel varme. Når smørskummet aftager, lægges bøfferne i gryden og steges til de er gyldenbrune, 4-5 minutter. Drys med salt og peber. Vend kødet med en tang og steg 4 minutter på den anden side for sjældne, eller 5 til 6 minutter for sjældne. For at tjekke om den er kogt, lav et lille snit i den tykkeste del. Læg bøfferne på en varmefast tallerken og hold dem varme i ovnen.

3.Tilsæt skalotteløgene i gryden og kog under omrøring i 1 minut. Tilsæt vin, bouillon og balsamicoeddike. Bring det i kog og lad det simre, indtil væsken er tyk og sød, cirka 3 minutter.

4.Tilsæt bacon til pandesaften. Hæld saucen over bøfferne og server med det samme.

Skiver filet med rucola

Straccetti di Manzo

Giver 4 portioner

Straccetti betyder "små stykker", som disse smalle kødstrimler minder om. Inden du laver denne ret, skal du lægge kødet i fryseren, indtil det er fast nok til at skære det i tynde skiver. Forbered alle ingredienserne, men læg ikke salaten før tilberedning af kødet.

2 bundter rucola

4 spsk ekstra jomfru olivenolie

1 spsk balsamicoeddike

1 spsk hakkede skalotteløg

Salt og friskkværnet sort peber

11/4 pund mager udbenet mørbrad eller anden mør bøf

1 tsk frisk hakket rosmarin

1.Skær rucolaen, kassér stilkene og de knuste blade. Vask dem flere gange med koldt vand. Tør meget godt. Skær rucolaen i små stykker.

2.I en stor skål blandes 2 spsk olie, eddike, skalotteløg og salt og peber efter smag.

3.Skær fileten på kryds og tværs i meget tynde skiver med en skarp udskæringskniv. Varm en stor, tung stegepande op over medium varme. Når det er meget varmt, tilsæt de resterende 2 spsk olivenolie. Læg kødskiverne i gryden i et enkelt lag, i portioner, hvis det er nødvendigt, og kog indtil de er brune, cirka 2 minutter. Vend kødet med en tang og drys med salt og peber. Kog indtil meget let brunet, cirka 1 minut.

4.Bland med rucolatoppen og læg på en tallerken. Læg oksekødsskiverne på rucolaen og drys med rosmarin. Server straks.

Mørbradbøffer med gorgonzola

Filetto di Manzo al Gorgonzola

Giver 4 portioner

Mørbradbøffer er intetsigende i smagen, men denne luksuriøse sauce giver dem en masse karakter. For at lette tilberedning, få slagteren til at skære bøfferne ikke mere end 1,5 tommer tykke og bind hver bøf med køkkensnor for at holde formen. Sørg for at måle og stille alle ingredienserne op, inden du begynder at lave mad, for det går meget hurtigt.

4 mørbradbøffer, cirka 1 tomme tykke

Ekstra jomfru oliven olie

Salt og friskkværnet sort peber

3 spiseskefulde usaltet smør

1 lille skalotteløg, finthakket

11/4 kop tør hvidvin

1 spsk dijonsennep

Omkring 4 ounce gorgonzola ost, skrællet og skåret i stykker

1.Gnid bøfferne med olivenolie og drys med salt og peber. Dæk til og stil på køl. Tag bøfferne ud af køleskabet cirka 1 time før tilberedning.

2.Forvarm ovnen til 200 ° F. Smelt 2 spiseskefulde smør i en stor stegepande over medium varme. Når smørskummet aftager, dup bøfferne tørre. Læg dem i gryden og kog dem gyldenbrune, 4-5 minutter. Vend kødet med en tang og steg på den anden side, 4 minutter for sjældne eller 5 til 6 minutter for medium sjældne. For at tjekke om den er kogt, lav et lille snit i den tykkeste del. Læg bøfferne på en varmefast tallerken og hold dem varme i ovnen.

3.Tilsæt skalotteløgene i gryden og kog under omrøring i 1 minut. Tilsæt vin og sennep. Sænk varmen og tilsæt gorgonzola. Tilsæt eventuelt saft, der har samlet sig omkring bøfferne. Fjern fra varmen og rør den resterende 1 spsk smør i.

4.Hæld saucen over bøfferne og server.

Kødruller fyldt med tomatsauce

Braciole al Pomodoro

Giver 4 portioner

Tynde skiver oksekød er perfekte til braciole, almindeligvis udtalt bra-zholl, en lækker langsom-tilberedt favorit. Se efter store kødstykker, der ikke har meget bindevæv, så de holder formen godt.

Braciole kan tilberedes som en portion Napolitansk ragout. Nogle kokke fylder brazioli med et hårdkogt æg, mens andre tilføjer rosiner og pinjekerner til hovedfyldet.

4 tynde skiver udbenet oksemørbrad, cirka 1 pund

3 finthakkede fed hvidløg

2 spsk revet romersk Pecorino ost

2 spsk hakket frisk persille

Salt og friskkværnet sort peber

2 spsk olivenolie

1 kop tør rødvin

2 kopper importerede italienske tomater på dåse med juice,
passeret gennem en fødevaremølle

4 friske basilikumblade, skåret i små stykker

1.Læg kødet mellem to stykker plastfolie og bank det forsigtigt
med den flade side af en kødhammer eller gummihammer,
indtil det er en ensartet 1/8 tomme tykkelse. Kassér den
øverste plastikdel.

2.Reserver 1 hakket fed hvidløg til saucen. Drys det resterende
hvidløg, ost, persille og salt og peber efter smag på kødet. Rul
hvert stykke som en pølse og bind det som en lille bøf med
køkkensnor af bomuld.

3.Varm olien op i en stor gryde. Tilføj til braciole. Kog, vend af
og til, indtil det er brunet over det hele, cirka 10 minutter.
Drys det resterende hvidløg rundt om kødet og steg i 1 minut.
Tilsæt vinen og lad det simre i 2 minutter. Tilsæt tomater og
basilikum.

4.Dæk til og lad det simre, vend af og til, indtil gaffelen er mør, cirka 2 timer. Tilsæt lidt vand, hvis saucen bliver for tyk. Serveres varm.

Oksekød og øl

Carbonata di Bue

Giver 6 portioner

Oksekød, øl og løg er en vindende kombination i denne sydtyrolske gryderet. Det ligner en fransk oksekotelet fra den anden side af grænsen.

Udbenet oksekødsmad er et godt valg til madlavning. Den har nok marmorering til at forblive fugtig under længerevarende tilberedning.

4 spiseskefulde usaltet smør

2 spsk olivenolie

3 mellemstore løg (ca. 1 pund), skåret i tynde skiver

3 pund udbenet oksekødgryderet, skåret i 11/2-tommers stykker

11/2 kop universalmel

12 ounces øl, enhver slags

2 kopper skrællede, frøede og hakkede friske tomater eller
tomatpuré på dåse

Salt og friskkværnet sort peber

1.Smelt 2 spsk smør med 1 spsk olie i en stor stegepande over
medium-lav varme. Tilsæt løgene og steg under jævnlig
omrøring, indtil løgene er let brunede, cirka 20 minutter.

2.I en stor gryde eller anden tung gryde med tætsluttende låg
smeltes det resterende smør med olien over middel varme.
Pres halvdelen af kødet ned i melet og ryst det overskydende
af. Brun stykkerne godt på alle sider, cirka 10 minutter. Læg
kødet på en tallerken. Gentag med det resterende kød.

3.Fjern fedtet fra panden. Tilsæt øllet og lad det simre, og skrab
bunden af gryden for at blande de brunede stykker i øllet. Kog
i 1 minut.

4.Sæt risten i midten af ovnen. Forvarm ovnen til 375 ° F. Sæt
alt kød tilbage i gryden. Tilsæt løg, tomater, salt og peber efter
smag. Bring væsken i kog.

5.Dæk gryden med låg og steg i ovnen under omrøring af og til i
2 timer, eller indtil kødet er mørt, når det gennembores med
en kniv. Serveres varm.

Kød- og løggryderet

af kotelet

Giver 6 portioner

I Trentino-Alto Adige er den lavet af en gryderet med et lignende navn som den forrige, med rødvin og krydderier. Nogle gange erstattes hovedkød med vildtkød eller andet vildtkød. Blød, smøragtig polenta er en klassisk ledsager til denne solide gryderet, men jeg kan også godt lide den sammenBlomkålsmos.

3 spiseskefulde usaltet smør

3 spiseskefulde olivenolie

2 mellemstore løg, i kvarte og i tynde skiver

1 1/2 kop universalmel

3 pund udbenet oksekød, skåret i 2-tommers stykker

1 kop tør rødvin

1/8 tsk stødt kanel

1/8 tsk stødt nelliker

1/8 tsk stødt muskatnød

1 kop oksebouillon

Salt og friskkværnet sort peber

1. I en stor stegepande over middel-lav varme, smelt 1 spsk smør med 1 spsk olie. Tilsæt løgene og steg, under omrøring af og til, indtil de er meget bløde, cirka 15 minutter.

2. I en stor gryde eller anden tung gryde med tætsluttende låg smeltes det resterende smør med olien over middel varme. Fordel melet på et stykke vokspapir. Rul kødet i mel, ryst det overskydende af. Tilføj kun nok stykker til gryden til at passe komfortabelt uden at blive trængsel. Når kødet er brunet, kom det over på en tallerken, og steg derefter resten af kødet på samme måde.

3. Når alt kødet er brunet og fjernet, tilsæt vinen til gryden og lad det simre, mens du skraber bunden af gryden for at blande de brunede stykker med vinen. Lad det simre i 1 minut.

4. Kom kødet tilbage i gryden. Tilsæt løg, krydderier og bouillon. Smag til med salt og peber. Bring i kog og dæk gryden med

låg. Kog, under omrøring af og til, i 3 timer, eller indtil kødet
er meget mørt, når det gennembores med en gaffel. Tilsæt lidt
vand, hvis væsken bliver for tyk. Serveres varm.

Oksekødgryderet med peber

Pepó

Giver 6 portioner

Toscanerne laver denne krydrede gryderet med kalvekød eller kalvekød, men jeg foretrækker at bruge udbenet oksegryderet. Ifølge Giovanni Righi Parenti, forfatter til La Gran Cucina Toscana, sparede kokke pebernødder fra salamiskiver, indtil peber for længe siden var for dyrt at lave peponi.

Min ven Marco Bartolini Baldelli, ejer af vingården Fattoria di Bagnolo, fortalte mig, at denne gryderet var en favorit blandt de toscanske murere i Impruneta, som tilberedte den i deres ovne. En flaske Fattoria di Bagnolo Chianti Colli Fiorentini Riservat ville være den perfekte ledsager.

2 spsk olivenolie

3 pund oksekød, skåret i 2-tommers stykker

Salt og friskkværnet sort peber

2 finthakkede fed hvidløg

2 kopper tør rødvin

11⁄2 dl flåede, frøede og hakkede tomater

1 tsk friskkværnet sort peber eller efter smag

1.Varm olien op ved middel varme i en stor hollandsk ovn eller en anden dyb, tung gryde med tætsluttende låg. Dup kødet tørt over det hele og brun, i omgange, uden at tilstoppe gryden, i cirka 10 minutter pr. batch. Drys med salt og peber. Læg kødet på en tallerken.

2.Tilsæt hvidløg til fedtet i gryden. Tilsæt rødvin, salt og peber efter smag og tomater. Bring det i kog og kom kødet tilbage i gryden. Tilsæt nok koldt vand til at dække kødet. Dæk gryden til. Reducer varmen og kog i 2 timer, mens der røres af og til.

3.Tilsæt vinen og kog i yderligere 1 time eller indtil kødet er meget mørt, når det gennembores med en gaffel. Test og juster saunaen. Serveres varm.

Friuli oksekødgryderet

Til Manço Squazet

Giver 6 portioner

Kylling, oksekød og and er blot nogle af de forskellige typer kød, der sjældent tilberedes, hvilket betyder "gryderet" på Friuli-Venezia Giulia-dialekten.

$1$1/2 kop porcini svampe, tørret

1 kop varmt vand

$1$1/4 kop olivenolie

3 pund oksekød, skåret i 2-tommers stykker

2 store løg, finthakket

2 spiseskefulde tomatpure

1 kop tør rødvin

2 laurbærblade

En knivspids malet nelliker

Salt og friskkværnet sort peber

2 hjemmelavede kopper<u>Kødbouillone</u>ller købt oksebouillon

1.Udblød svampene i vand i 30 minutter. Fjern svampene og
gem væsken. For at fjerne sandet, skyl svampene under koldt
rindende vand, og vær særlig opmærksom på enderne af
stænglerne, hvor der samler sig jord. Hak svampene i store
stykker. Si svampevæsken gennem et papirkaffefilter ned i en
skål.

2.Varm olien op i en stor gryde ved middel varme. Dup kødet
tørt. Tilsæt kødet og brun godt på alle sider i cirka 10
minutter, kom stykkerne over på en tallerken, mens de
brunes.

3.Tilsæt løgene i gryden og kog indtil de er bløde, cirka 5
minutter. Tilsæt tomatpure. Tilsæt vinen og lad væsken simre.

4.Kom kødet tilbage i gryden. Tilsæt svampe og deres væske,
laurbærblade, nelliker og salt og peber efter smag. Tilsæt
bouillon. Læg låg på og lad det simre under omrøring af og til,
indtil kødet er mørt og væsken reduceret, 21/2 til 3 timer.
Hvis der er for meget væske, åbnes gryden i løbet af de sidste
30 minutter. Fjern laurbærbladene. Serveres varm.

Blandet kødgryderet, jægerstil

Scottiglia

Gør 8 til 10 portioner

I Toscana, hvor der var knapt med kød, samledes flere jægere sammen og bidrog med små stykker kød til at lave denne komplicerede gryderet. Alt fra oksekød, kylling, lam eller svinekød til fasan, kanin eller perlehøns kan tilføjes eller erstattes. Jo større udvalg af kød, jo rigere smag af gryderet.

11/4 kop olivenolie

1 kylling, skåret i 8 stykker

1 pund udbenet oksekødgryderet, skåret i 2-tommers stykker

1 pund lammeskulder, skåret i 2-tommers stykker

1 pund svinekød, skåret i 2-tommers stykker

1 stort lilla løg, finthakket

2 blød selleri, hakket

2 store gulerødder, finthakkede

2 finthakkede fed hvidløg

1 kop tør rødvin

Sal

1/2 tsk stødt rød peber

2 kopper hakkede tomater, friske eller dåse

1 spsk frisk hakket rosmarin

2 hjemmelavede kopperHønsekødssuppe,Kødbouillon, eller købt
oksekød eller hønsefond

at dekorere

8 skiver italiensk eller fransk brød

2 fed hvidløg, pillede

1.Opvarm olien over middel varme i en hollandsk ovn, der er
stor nok til at rumme alle ingredienserne, eller i en anden dyb,
tung gryde med tætsluttende låg. Dup kødet tørt. Tilføj kun så
mange stykker, som der komfortabelt passer i ét lag. Brun

stykkerne godt, cirka 10 minutter pr. batch, og tag dem derefter ud på en tallerken. Fortsæt til alt kødet er brunet.

2.Tilsæt løg, selleri, gulerod og hvidløg til gryden. Kog, omrør ofte, indtil de er møre, cirka 10 minutter.

3.Kom kødet tilbage i gryden og tilsæt vin, salt efter smag og stødt rød peber. Bring væsken i kog. Tilsæt tomater, rosmarin og bouillon. Skru ned for varmen, så væsken næsten ikke bobler. Kog, under omrøring af og til, indtil alt kødet er mørt, cirka 90 minutter. (Hvis saucen er for tør, tilsæt lidt vand.)

4.Rist brødskiverne og gnid dem med pillede hvidløg. · Læg kødet og saucen i en stor gryde. Læg brødskiver overalt. Serveres varm.

Gulasch di Manzo

Giver 8 portioner

Den nordlige del af Trentino-Alt Adige var engang en del af Østrig; Det blev annekteret af Italien efter Første Verdenskrig. Som et resultat er maden østrigsk, men med en italiensk accent.

Tørrede krydderier såsom paprika er kun gode i omkring seks måneder efter åbning af beholderen. Herefter forsvinder smagen. Det er værd at købe en ny dåse, når du laver denne gryderet. Sørg for at bruge paprika importeret fra Ungarn. Afhængig af din smag kan du bruge hele søde paprika eller en kombination af sød og krydret.

3 spsk spæk, baconfedt eller vegetabilsk olie

2 pund medium udbenet oksekød, skåret i 2-tommers stykker

Salt og friskkværnet sort peber

3 store løg, skåret i tynde skiver

2 hakkede fed hvidløg

2 kopper tør rødvin

1/4 kop ungarsk sød paprika eller en kombination af sød og varm paprika

1 laurbærblad

2-tommer strimler af citronskal

1 spsk dobbelt koncentreret tomatpure

1 tsk stødt spidskommen

11/2 tsk tørret merian

Frisk citronsaft

1. Varm smørret og matfettet op ved middel varme i en stor hollandsk ovn eller en anden dyb, tætsluttende gryde med tætsluttende låg. Dup kødet tørt og tilsæt kun de stykker, der passer behageligt i ét lag, til gryden. Brun stykkerne grundigt, cirka 10 minutter pr. batch. Læg kødet på en tallerken og drys med salt og peber.

2. Tilsæt løget til gryden og steg, omrør ofte, indtil det er blødt og gyldent, cirka 15 minutter. Tilsæt hvidløg. Tilsæt vinen og

skrab bunden af gryden. Kom kødet tilbage i gryden. Bring væsken i kog.

3.Tilsæt paprika, laurbærblad, citronskal, tomatpure, spidskommen og merian. Tilsæt nok vand til næsten at dække kødet.

4.Dæk gryden til og kog i 21/2 til 3 timer eller indtil kødet er mørt. Tilsæt citronsaft. Fjern laurbærblad og citronskal. Test og juster saunaen. Serveres varm.

oksehalegryderet i romersk stil

Coda alla Vaccinara

Gør 4 til 6 portioner

Selvom oksehaler har lidt kød, er de, når de braiseres i romersk stil, meget velsmagende og møre. Den resterende sauce er god ovenpå rigatoni eller anden tykt skåret pasta.

11/4 kop olivenolie

3 pund oksehale, skåret i 11⁄2-tommers stykker

1 stort løg, hakket

2 finthakkede fed hvidløg

1 kop tør rødvin

21⁄2 kop flåede, frøede og hakkede friske tomater eller tørrede og hakkede dåsetomater

1⁄4 tsk stødt nelliker

Salt og friskkværnet sort peber

2 kopper vand

6 blød selleri, hakket

1 spsk hakket mørk chokolade

3 spiseskefulde pinjekerner

3 spiseskefulde rosiner

1.Varm olivenolien op i en stor gryde eller en anden dyb, tung gryde med lufttæt låg. Dup oksehalen tør og tilføj kun de stykker, der passer behageligt i ét lag, til panden. Brun stykkerne grundigt, cirka 10 minutter pr. batch. Overfør stykkerne til en tallerken.

2.Tilsæt løget og steg det gyldne, rør af og til. Tilsæt hvidløg og steg i yderligere 1 minut. Tilsæt vinen, skrab bunden af gryden.

3.Kom oksehalen tilbage i gryden. Tilsæt tomater, nelliker, salt og peber efter smag og vand. Dæk gryden med låg og lad væsken simre ved svag varme. Reducer varmen og kog under omrøring af og til, indtil kødet er mørt og falder af benet, cirka 3 timer.

4.Imens koger du en stor gryde vand. Tilsæt sellerien og kog i 1 minut. Dræn godt af.

5.I en gryde blandes chokoladen med oksehalerne. Tilsæt selleri, pinjekerner og rosiner. Bring i kog. Serveres varm.

Stuvet oksekødslår

Garretto al vin

Giver 6 portioner

Tykke skiver af okselår tilberedes med grøntsager og rødvin i denne rigt krydrede, langsomt kogte ret. De medfølgende kogte grøntsager pureres med kogesaften for at skabe en lækker sauce til kødet. Server med kartofler eller polenta eller hæld saucen ovenpåKartoffel gnocchi.

2 spsk usaltet smør

1 spsk olivenolie

3 (11/2 tomme tykke) skiver oksekødslår (ca. 3 pund), i tynde skiver

Salt og friskkværnet sort peber

4 hakkede gulerødder

3 selleristængler, hakket

1 stort løg, hakket

2 kopper tør rødvin

1 laurbærblad

1.Smelt smørret med olien i en stor hollandsk ovn eller en anden dyb, tung gryde med tætsluttende låg. Dup kødet tørt og brun godt, cirka 10 minutter. Drys med salt og peber. Læg kødet på en tallerken.

2.Tilsæt grøntsagerne og kog, omrør ofte, indtil de er pænt brune, cirka 10 minutter.

3.Tilsæt vinen og kog, skrab bunden af gryden med en træske. Svits vinen i 1 minut. Kom kødet tilbage i gryden og tilsæt laurbærbladet.

4.Dæk gryden med låg og skru ned for varmen. Hvis væsken fordamper for meget, tilsæt lidt varmt vand. Bag i 21/2 til 3 timer, vend kødet af og til, indtil det er mørt, når det er gennemboret med en kniv.

5.Læg kødet over på en bakke og læg låg på for at holde det varmt. Afvis laurbærbladet. Kom grøntsagerne gennem en madmølle eller purér dem i en blender. Test og juster

saunaen. Genopvarm evt. Hæld grøntsagssaucen over kødet.
Server straks.

Aubergine fyldt med kød

Aubergine Ripiene

Gør 4 til 6 portioner

Små auberginer, omkring tre centimeter lange, er perfekte til fyld. De er varme eller ved stuetemperatur.

2½ kop evt<u>Tomatsovs</u>

8 baby auberginer

Sal

12 ounce hakkebøf

2 ounce hakket salami eller importeret italiensk prosciutto

1 stort æg

1 finthakket fed hvidløg

1/3 kop tørre brødkrummer

1/4 kop revet romersk Pecorino eller Parmigiano-Reggiano

2 spsk hakket frisk persille

Salt og friskkværnet sort peber

1.Tilbered tomatsauce, hvis det er nødvendigt. Stil derefter risten i midten af ovnen. Forvarm ovnen til 375 ° F. Smør en 12 x 9 x 2-tommers bageplade.

2.Bring en stor gryde vand i kog. Skær toppen af auberginerne af og halver dem på langs. Tilsæt auberginerne til vandet, salt efter smag. Kog indtil auberginen er mør, 4 til 5 minutter. Læg auberginerne i et dørslag til afdrypning og afkøling.

3.Brug en lille ske til at fjerne kødet fra hver aubergine og efterlade en 1/4 tomme tyk skal. Hak kødet og kom det i en stor skål. Læg skallerne med skindsiden nedad i bageformen.

4.Tilsæt oksekød, salami, æg, hvidløg, rasp, ost, persille og salt og peber efter smag til auberginekødet. Hæld blandingen på aubergineskindet, glat ovenpå. Hæld tomatsaucen over auberginerne.

5.Bages til fyldet er gennemstegt, cirka 20 minutter. Serveres varm eller ved stuetemperatur.

Napolitanske frikadeller

frikadelle

Giver 6 portioner

Min mor plejede at lave disse frikadeller en gang om ugen for at tilføje dem til en stor gryde ragout. Da han ikke kiggede, trak nogen en op af gryden for at spise til en sandwich. Selvfølgelig vidste han det, så han lavede ofte en dobbelt batch.

3 kopperNapolitansk ragoutellermarinara sauce

1 pund hakkebøf

2 store æg, pisket

1 stort fed hvidløg, finthakket

11/2 kop friskrevet Roman Pecorino

11/2 kop brødkrummer

2 spsk finthakket frisk fladbladet persille

1 tsk salt

Friskkværnet sort peber

11/4 kop olivenolie

1.Tilbered eventuelt en ragout eller sauce. Bland derefter kød, æg, hvidløg, ost, rasp, persille og salt og peber i en stor skål. Bland alle ingredienserne godt sammen med hænderne.

2.Skyl dine hænder i koldt vand for at undgå at klæbe, og form derefter blandingen let til 2-tommers kugler. (Hvis du laver frikadeller til at bruge i lasagne eller bagte løg, skal du forme kødet til små kugler på størrelse med en lille drue.)

3.Varm olien op i en stor gryde ved middel varme. Tilsæt frikadellerne og steg dem gyldenbrune, cirka 15 minutter. (Vend dem forsigtigt med en tang). Læg frikadellerne på en tallerken.

4.Kom frikadellerne i en ragout- eller tomatsovs. Kog indtil kogt, cirka 30 minutter. Serveres varm.

Frikadeller med pinjekerner og rosiner

Polpette med Pinol og Uve Secche

Laver 20 2-tommer frikadeller

Hemmeligheden bag en god frikadelle eller saftig frikadeller er at tilføje brød eller rasp til blandingen. Brødet optager saften fra kødet og holder det inde, mens kødet koger. For et ekstra sprødt ydre rulles disse frikadeller også i rasp inden bagning. Denne opskrift blev givet til mig af min ven Kevin Benvenuti, som ejer en gourmetrestaurant i Westin, Florida. Opskriften var fra hendes bedstemor Carolina.

Nogle kokke kan lide at springe stegetrinet over og tilføje frikadellerne direkte til saucen. Frikadellerne er blødere. Jeg foretrækker den fastere tekstur og bedre smag af stegning.

3 kopper<u>Napolitansk ragout</u>eller enhver anden<u>tomatsovs</u>

1 kop tørre brødkrummer

4 skiver italiensk brød, skorpefri og skåret i små stykker (ca. 2 kopper)

11/2 kop mælk

2 pund blandet okse-, kalve- og svinekød

4 store æg, let pisket

2 finthakkede fed hvidløg

2 spsk finthakket frisk fladbladet persille

1 1/2 kop rosiner

1 1/2 kop pinjekerner

1/2 kop revet romersk Pecorino eller Parmesan-Reggiano

1 1/2 tsk salt

1/4 tsk friskkværnet muskatnød

Friskkværnet sort peber

1 1/4 kop olivenolie

1. Tilbered eventuelt en ragout eller sauce. Læg
   brødkrummerne i en lav skål. Læg derefter brødet i blød i
   mælk i 10 minutter. Dræn brødet og pres den overskydende
   væske ud.

2. I en stor skål kombineres kød, brød, æg, hvidløg, persille, rosiner, pinjekerner, ost, salt, muskatnød og peber efter smag. Bland alle ingredienserne godt sammen med hænderne.

3. Skyl dine hænder i koldt vand for at undgå at klæbe, og form derefter blandingen let til 2-tommers kugler. Rul frikadellerne let i rasperne.

4. Varm olie op i en stor stegepande over medium varme. Tilsæt frikadellerne og steg dem gyldenbrune, cirka 15 minutter. (Vend dem forsigtigt med en tang).

5. Læg frikadellerne i raguen eller saucen. Kog indtil kogt, cirka 30 minutter. Serveres varm.

Frikadeller med kål og tomat

Polpetti Stufato med Cavolo

Giver 4 portioner

Frikadeller er en af de sjæl-tilfredsstillende retter, der laves næsten overalt, bestemt i alle regioner i Italien. Italienerne serverer dog aldrig frikadeller med spaghetti. De føler, at vægten af kødet ville overvælde de sarte pastafibre. Pasta er også den første ret, og alt kød i mellemstørrelse serveres som en anden ret. I denne opskrift fra Friuli-Venezia Giulia serveres frikadeller med stuvet kål. Dette er en solid ret at servere på en kold aften.

2 finthakkede fed hvidløg

2 spsk olivenolie

1 lille kål, revet

11/2 dl hele tomater på dåse, drænet, hakket

Sal

frikadeller

1 kop skorpefrit italiensk eller fransk brød, revet

1 1/2 kop mælk

1 pund hakkebøf

1 stort æg, pisket

1/2 kop friskrevet Parmigiano-Reggiano

1 stort fed hvidløg, hakket

2 spsk hakket frisk persille

Salt og friskkværnet sort peber

1 1/4 kop olivenolie

1. I en stor gryde koges hvidløg i olivenolie ved medium varme, indtil de er let brunede, cirka 2 minutter. Tilsæt kål og bland godt. Tilsæt tomater og salt efter smag. Læg låg på og lad det simre i 45 minutter under omrøring af og til.

2. Kombiner brød og mælk i en mellemstor skål. Lad stå i 10 minutter, og pres derefter overskydende mælk ud.

3.I en stor skål kombineres kød, brød, æg, ost, hvidløg, persille og salt og peber efter smag. Bland alle ingredienserne godt sammen med hænderne.

4.Skyl dine hænder i koldt vand for at undgå at klæbe, og form derefter forsigtigt kødblandingen til 2-tommers kugler. Varm olie op i en stor stegepande over medium varme. Steg frikadellerne til de er gyldenbrune. (Vend dem forsigtigt med en tang). Læg frikadellerne på en tallerken.

5.Er der meget væske i kålgryden, så lad låget sidde og kog til det reducerer. Tilsæt frikadeller og dæk dem med kål. Bages i yderligere 10 minutter. Serveres varm.

Frikadeller, Bologna stil

Frikadelle Bolognese

Giver 6 portioner

Denne opskrift er min tilpasning af en ret fra Trattoria Gigina i Bologna. Selvom det er lige så hjemmelavet som enhver frikadelleopskrift, gør mortadellaen i kødblandingen og fløden i tomatsaucen den lidt mere sofistikeret.

Salsa

1 lille løg finthakket

1 mellemstor gulerod, finthakket

1 lille mør stilk selleri, finthakket

2 spsk olivenolie

11/2 dl tomatpuré

11/2 kop tung fløde

Salt og friskkværnet sort peber

frikadeller

1 kilo magert hakkekød

8 ounce mortadella

1/2 kop friskrevet Parmigiano-Reggiano

2 store æg, pisket

1/2 kop tørre brødkrummer

1 tsk hav- eller koshersalt

11/4 tsk stødt muskatnød

Friskkværnet sort peber

1.Lav saucen: Kog løg, gulerod og selleri i olivenolie ved middel
varme i en stor gryde eller dyb stegegryde, indtil de er gyldne
og bløde, cirka 10 minutter. Tilsæt tomat, fløde, salt og peber
efter smag. Bring i kog.

2.Lav frikadellerne: Kom frikadellens ingredienser i en stor
skål. Bland alle ingredienserne godt sammen med hænderne.

Skyl dine hænder i koldt vand for at undgå at klæbe, og form derefter blandingen let til 2-tommers kugler.

3. Læg frikadellerne i den kogende sauce. Dæk til og kog, vend frikadellerne af og til, indtil de er gennemstegte, cirka 20 minutter. Serveres varm.

Frikadeller i Marsala

Frikadeller med Marsala

Giver 4 portioner

Min ven Arthur Schwartz, forfatter til Napolitansk køkken, beskrev denne opskrift for mig, som han siger er meget populær i Napoli.

1 kop skorpefrit italiensk brød, skåret i stykker

11/4 kop mælk

Cirka 1/2 kop universalmel

1 pund rund hakket oksekød

2 store æg, pisket

1/2 kop friskrevet Parmigiano-Reggiano

1/4 kop hakket skinke

2 spsk hakket frisk persille

Friskkværnet salt og peber

3 spiseskefulde usaltet smør

1 1/2 kop tør Marsala

1/2 kop hjemmelavet<u>Kødbouillon</u>eller købt oksebouillon

1.Udblød brødet i mælk i 10 minutter i en lille skål. Pres væsken ud. Kom melet i en lav skål.

2.Læg brød, kød, æg, ost, skinke, persille, salt og peber i en stor skål. Bland alle ingredienserne godt sammen med hænderne. Skyl dine hænder i koldt vand for at undgå at klæbe, og form derefter blandingen let til otte 2-tommer kugler. Rul kuglerne i mel.

3.Smelt smørret ved middel-lav varme i en stegepande, der er stor nok til at rumme alle frikadeller. Tilsæt frikadellerne og kog dem forsigtigt med en tang, indtil de er gyldenbrune, cirka 15 minutter. Tilsæt Marsala og bouillon. Kog indtil væsken er reduceret og frikadeller er gennemstegte, 4 til 5 minutter. Serveres varm.

Kødtærte, gammel napolitansk stil

Polpettone di Santa Chiara

Gør 4 til 6 portioner

Denne opskrift kræver bagning i ovnen, selvom brødet oprindeligt blev brunet helt i en gryde og derefter kogt i en overdækket gryde med lidt vin. De hårdkogte æg i midten skaber en målrettet effekt, når du skærer stangen. Selvom denne opskrift kræver helt oksekød, fungerer en hakkekødsblanding godt.

2/3 kop daggammelt italiensk brød uden skorpe

11/3 kop mælk

1 pund rund hakket oksekød

2 store æg, pisket

Salt og friskkværnet sort peber

4 ounces urøget skinke, i tern

11/2 kop strimlet romersk Pecorino eller provolone ost

4 spiseskefulde tørre rasp

2 hårdkogte æg

1.Sæt risten i midten af ovnen. Forvarm ovnen til 350 ° F. Smør
en 9-tommer firkantet bradepande.

2.Udblød brødet i mælk i 10 minutter. Pres brødet for at fjerne
overskydende væske.

3.Bland kød, brød, æg og salt og peber efter smag i en stor skål.
Tilsæt skinke og ost.

4.På et stort stykke vokspapir fordeles halvdelen af
brødkrummerne på et stykke vokspapir. Fordel halvdelen af
kødblandingen på bagepapir i et 8×4-tommers rektangel. Læg
to hårdkogte æg på langs efter hinanden i midten. Læg den
resterende kødblanding ovenpå, og tryk kødet ind i en pæn
træstamme, der er cirka 8 tommer lang. Læg brødet i den
tilberedte gryde. Drys toppen og siderne med de resterende
krummer.

5.Bag brød i ca. 1 time, eller indtil den indre temperatur når
155°F på et øjeblikkeligt termometer. Lad afkøle i 10 minutter
før udskæring. Serveres varm.

Grydesteg med rødvin

Braiseret i Barolo

Gør 6 til 8 portioner

Piemonte-kokke braserer store stykker kød i regionens Barolo-vin, men en anden robust tør rødvin ville også fungere godt.

3 spiseskefulde olivenolie

1 tallerken udbenet eller nederst rund roastbeef (ca. 31/2 pund)

2 ounce hakket bacon

1 mellemstor løg, hakket

2 finthakkede fed hvidløg

1 kop tør rødvin, såsom Barolo

2 kopper flåede, frøede og hakkede tomater

2 hjemmelavede kopperKødbouilloneller købt oksebouillon

2 snittede gulerødder

1 skive selleri

2 spsk hakket frisk persille

Salt og friskkværnet sort peber

1.Varm olien op ved middel varme i en stor hollandsk ovn eller
en anden dyb, tung gryde med tætsluttende låg. Tilsæt kødet
og brun det godt, cirka 20 minutter. Smag til med salt og
peber. Overfør til en tallerken.

2.Fjern alt på nær to spiseskefulde fedt. Tilsæt bacon, løg og
hvidløg i gryden. Kog, omrør ofte, indtil de er møre, cirka 10
minutter. Tilsæt vinen og bring det i kog.

3.Tilsæt tomater, bouillon, gulerod, selleri og persille. Dæk
gryden med låg og lad væsken simre ved svag varme. Braiser
kødet, vend af og til, i 21/2 til 3 timer, eller indtil det er mørt,
når det gennembores med en gaffel.

4.Læg kødet på en tallerken. Dæk til og hold varmt. Hvis væsken
i gryden virker for tynd, så skru op for varmen og kog til den
er reduceret lidt. Smag saucen til og tilpas til krydderier. Skær
kødet i skiver og server varmt med saucen.

Genovese

Giver 8 portioner

Hovedingredienserne i denne møre steg er løg, gulerødder, prosciutto og salami. Dette er en gammel napolitansk opskrift, der i modsætning til de fleste retter fra regionen ikke indeholder tomater. Historikere forklarer, at for århundreder siden sømænd, der rejste mellem havnene i Genova og Napoli, bragte denne ret hjem.

Genovese var en specialitet fra min bedstemor, som serverede løgsaucen over mafalda, lange bånd af pasta med bølgede kanter eller lange fusilli. Det snittede kød blev derefter spist sammen med resten af saucen som en anden ret.

2 spsk olivenolie

1 tallerken udbenet eller nederst rund roastbeef (ca. 31/2 pund)

Salt og friskkværnet sort peber

6 til 8 mellemstore løg (ca. 3 pund), i tynde skiver

6 mellemstore gulerødder, skåret i tynde skiver

2 ounces genua salami, i tynde skiver

2 ounce importeret italiensk prosciutto, i tynde skiver

1 pund mafalde eller fusilli

Friskrevet Parmesan-Reggiano eller Pecorino Romana

1.Sæt risten i midten af ovnen. Forvarm ovnen til 325 ° F. Opvarm olie over medium varme i en stor hollandsk ovn eller en anden dyb, tung gryde med et tætsluttende låg. Tilsæt kødet og brun det godt, cirka 20 minutter. Drys med salt og peber. Når kødet er helt brunt, tages det ud på en tallerken og fedtet hældes fra gryden.

2.Hæld 1 kop vand i gryden og skrab bunden med en træske for at løsne de brunede stykker. Tilsæt løg, gulerod, salami og prosciutto i gryden. Kom stegen tilbage i gryden. Dæk til og lad væsken koge op.

3.Sæt gryden i ovnen. Kog kødet i 21/2 til 3 timer, vend indimellem. eller meget blød, når den er gennemboret med en gaffel.

4.Cirka 20 minutter før kødet er færdigt koges en stor gryde vand op. Tilsæt 2 spsk salt, derefter pastaen, tryk forsigtigt ned, indtil den er helt dækket af vand. Kog til al dente, bare møre, men fast til bid.

5.Når det er klar, overføres kødet til en tallerken. Dæk til og hold varmt. Lad saucen køle lidt af. Purér grydens indhold gennem en madmølle eller ved at blende i en foodprocessor eller blender. Test og juster saunaen. Kom saucen tilbage i gryden med kødet. Genopvarm forsigtigt.

6.Server lidt sauce over pastaen. Drys ost på toppen. Genopvarm sauce og kød evt. Skær kødet i skiver og server som anden ret sammen med resten af saucen.

Siciliansk fyldt oksekødsrulle

Farsumagru

Giver 6 portioner

Farsumagru, på den sicilianske dialekt, eller falsk magre, på standard italiensk, betyder "falsk tynd." Navnet refererer sandsynligvis til det rige fyld, der findes inde i det tynde kødstykke. Der er mange variationer af denne ret. Nogle kokke bruger en skive oksekød i stedet for hovedkød til den yderste rulle, og hakket oksekød eller hovedkød i stedet for svinepølse i fyldet. Nogle gange bruges skinke, salami eller bacon i stedet for prosciutto. Andre kokke tilføjer grøntsager såsom kartofler eller ærter til kogesovsen.

Den sværeste del af denne opskrift er at få en skive kød på ca. 8 x 6 x 1⁄2 tomme, der kan hakkes 1⁄4 tomme tyk. Bed din slagter om at skære den for dig.

12 oz italiensk svinepølse, renset

1 sammenpisket æg

1 1/2 kop friskrevet Roman Pecorino

1/4 kop fint tørre brødkrummer

2 spsk hakket frisk persille

1 finthakket fed hvidløg

Salt og friskkværnet sort peber

1 pund 1/2 tomme tyk udbenet oksemørbrad

2 ounce importeret italiensk prosciutto, i tynde skiver

2 hårdkogte æg, pillede

3 spiseskefulde olivenolie

1 finthakket løg

11/2 kop tør hvidvin

1 dåse (28 oz.) knuste tomater

1 kop vand

1.I en stor skål blandes svinekød, æg, ost, rasp, persille, hvidløg
   og salt og peber efter smag.

2.Læg et stort stykke på en flad overflade med plastfolie og læg kødet ovenpå. Læg endnu et stykke plastfolie oven på kødet og bank forsigtigt på det for at flade kødet, indtil det er cirka 1/4 tomme tykt.

3.Kassér den øverste plastikplade. Læg skiver af serranoskinke oven på kødet. Fordel kødblandingen over skinken, efterlad en 1/2-tommers kant hele vejen rundt. Læg de hårdkogte æg på række på kødets langside. Fold kødet på langs over æggene og fyldet og rul sammen som en gelérulle, brug det nederste stykke husholdningsfilm til at rulle sammen. Bind rullen med køkkengarn i bomuld med 1-tommers mellemrum som en bøf.

4.Varm olien op ved middel varme i en stor hollandsk ovn eller en anden dyb, tætsluttende gryde med tætsluttende låg. Tilsæt kødrullen og brun godt på den ene side, cirka 10 minutter. Vend kødet med en tang og drys løget ud. Brun kødet på den anden side, cirka 10 minutter.

5.Tilsæt vinen og bring det i kog. Tilsæt knuste tomater og vand. Dæk gryden til og steg kødet, vend af og til, i cirka 1 1/2 time, eller indtil kødet er mørt, når det gennembores med en gaffel.

6.Læg kødet på en tallerken. Lad kødet køle af i 10 minutter. Fjern strengene og skær rullen i 1/2-tommers skiver. Læg skiverne på en varm bund. Opvarm evt. saucen. Hæld saucen over kødet og server.

Stegt filet med oliven sauce

Oliven under fileten

Gør 8 til 10 portioner

En elegant middag ledsages af en mør bøf. Serveres varm eller ved stuetemperatur med en lækker olivensauce eller erstatningSoltørret tomatsauce. Tilbered aldrig dette stykke kød mere end halvt råt, da det ellers bliver tørt.

<u>Oliven sauce</u>

3 spiseskefulde olivenolie

2 spsk balsamicoeddike

1 tsk salt

Friskkværnet sort peber

1 oksemørbrad, trimmet og bundet (ca. 4 pund)

1 spsk frisk hakket rosmarin

1.Tilbered eventuelt saucen. Pisk olie, eddike, salt og kværnet peber sammen. Læg kødet i et stort bradefad og hæld marinaden over, vend kødet rundt. Dæk gryden med alufolie og mariner i 1 time ved stuetemperatur eller op til 24 timer i køleskabet.

2.Sæt risten i midten af ovnen. Forvarm ovnen til 425 ° F. Steg kød i 30 minutter, eller indtil temperaturen i den tykkeste del når 125 ° F på et øjeblikkeligt termometer indsat i midten. Tag stegen ud af ovnen til en bageplade.

3.Lad hvile i 15 minutter før udskæring. Skær kødet i 1/2-tommers skiver og server varmt eller ved stuetemperatur sammen med saucen.

Kogt kød blandet

Bullet Mist

Gør 8 til 10 portioner

Boixeta mista, som betyder "blandet gryderet", er en kombination af kød og grøntsager stuvet i en kogende væske. I det nordlige Italien tilsættes pasta til bouillonen for at forberede den første ret. Kødet skæres i skiver og serveres med forskellige saucer. Buffet misto er meget festlig og gør en imponerende middag for en mængde.

Hver region har sin egen måde at gøre dette på. Piemonteserne insisterer på, at den skal laves af syv kød og serveres med tomatsauce og paprika. Salsa verde er nok den mest traditionelle, mens Emilia-Romagna og Lombardiet er typiske for mostarda, frugt konserveret i sød sennepssirup. Mostarda kan købes på mange italienske markeder og gourmetbutikker.

Selvom tærten ikke er svær at lave, kræver den lang bagetid. Beregn cirka fire timer fra det øjeblik du tænder for varmen. Når alt kødet er tilberedt, kan det holdes varmt i gryden i endnu en time. En separat gryde er nødvendig for at tilberede en cotechino eller anden stor pølse, da fedtet, der frigøres fra det, gør bouillonen fedtet.

Udover saucer serverer jeg gerne kød med dampede grøntsager som gulerødder, zucchini og kartofler.

1 stor moden tomat, halveret og kernet

4 kviste persille med stilke

2 bladselleri, skåret i store stykker

2 store gulerødder, skåret i store stykker

1 stort løg, hakket i store stykker

1 fed hvidløg

1 udbenet roastbeef, omkring 3 pund

Sal

<u>grøn sauce</u>eller<u>Rød peber og tomatsauce</u>

1 udbenet okseskulder, rullet og bundet, omkring 3 pund

1 cotechino eller anden stor hvidløgspølse, omkring 1 pund

1 hel kylling, cirka 31⁄2 pund

1.Kombiner grøntsagerne og 3 liter vand i en 5-gallon gryde eller to mindre gryder med samme kapacitet. Bring i kog ved middel varme.

2.Tilsæt kødet og 2 tsk salt. Kog i 1 time efter væsken er vendt tilbage til kog. Tilbered imens saucen, hvis det er nødvendigt.

3.Tilføj oksekød til gryden; efter kogning af væsken, kog i 1 time. Tilsæt eventuelt mere vand for at dække kødet.

4.I en separat gryde blandes cotechino med vand til at dække med 1 tomme. Dæk og lad simre. Bages i 1 time.

5.Kom kyllingen i gryden med oksekød og kød. Bring i kog og kog kyllingen, vend en eller to gange, i 1 time, eller indtil alt kødet er mørt, når det gennembores med en gaffel.

6.Fjern fedtet fra overfladen af bouillonen med en stor ske. Smag til og juster saltet. (Hvis du serverer bouillonen som en første ret, så si noget af bouillonen ned i gryden, og lad kødet stå lunt i gryden med resten af bouillonen. Bring bouillonen i kog og kog pastaen i den. Server varm med Parmigiani Reggian.)

7.Forbered en stor opvarmet gryde. Skær kødet i skiver og læg det på en tallerken. Dryp lidt bouillon ovenpå. Server det skårne kød med det samme med dine valg af saucer.

Grillede marinerede svinekoteletter

Braciole di Maiale ai Ferri

Giver 6 portioner

Dette er en god opskrift på hurtige sommermiddage. For at kontrollere, om koteletten er færdig, lav et snit tæt på benet. Kødet skal stadig være let rosa.

1 kop tør hvidvin

1 1/4 kop olivenolie

1 lille løg, skåret i tynde skiver

1 finthakket fed hvidløg

1 spsk frisk hakket rosmarin

1 spsk hakket frisk salvie

6 centerskårne svinekam, cirka 3/4 tomme tykke

Citronskiver, til pynt

1.Kombiner vin, olie, løg, hvidløg og krydderurter i en bradepande, der er stor nok til at holde ribbenene i et enkelt lag. Tilsæt ribbenene, dæk til og stil på køl i mindst 1 time.

2.Placer grillen eller grillen omkring 5 tommer fra varmekilden. Varm grillen eller grillen op. Dup ribbenene tørre med køkkenrulle.

3.Steg kødet i 5-8 minutter eller indtil det er godt brunet. Brug en tang til at vende ribbenene og stege på den anden side i 6 minutter, eller indtil de er gyldenbrune og let lyserøde, når de skæres nær knoglen. Serveres varm, pyntet med citronbåde.

Ribben, Friuli stil

Puntature di Maiale alla Friulana

Gør 4 til 6 portioner

Ribben braiseres i Fruil, indtil kødet er mørt og falder af benet. Server dem med kartoffelmos eller en simpel risotto.

2 hjemmelavede kopperKødbouilloneller købt oksebouillon

3 pund svinekoteletter, skåret i individuelle ribben

31/4 kop universalmel

Salt og friskkværnet sort peber

3 spiseskefulde olivenolie

1 stort løg, hakket

2 mellemstore gulerødder, hakket

11/2 kop tør hvidvin

1.Tilbered eventuelt bouillonen. Dup ribbenene tørre med køkkenrulle.

2. På et stykke vokspapir blandes mel, salt og peber efter smag. Rul ribbenene i mel, og ryst dem for at fjerne overskydende.

3. Varm olien op i en stor tyk gryde over medium varme. Tilføj så mange ribben, som der passer behageligt i ét lag, og brun godt på alle sider i cirka 15 minutter. Overfør ribbenene til en tallerken. Gentag indtil alle ribben er gyldenbrune. Hæld alt af undtagen 2 spsk fedt.

4. Tilsæt løg og gulerod til gryden. Kog, omrør lejlighedsvis, indtil let brunet, cirka 10 minutter. Tilsæt vinen og kog i 1 minut, skrab op og rør de brunede stykker i bunden af gryden med en træske. Kom ribbenene tilbage i gryden og tilsæt bouillon. Bring væsken i kog. Reducer varmen til lav, læg låg på og kog under omrøring af og til i cirka 1 1/2 time, eller indtil kødet er meget mørt og falder af benet. (Tilsæt vand, hvis kødet bliver for tørt).

5. Overfør ribbenene til en varm serveringsfad og server med det samme.

Ribben med tomatsauce

Pomodoro punch

Gør 4 til 6 portioner

Min mand og jeg havde ribben som denne på en yndlingsosteria, en afslappet restaurant i familiestil i Rom kaldet Enoteca Corsi. Det åbner kun til frokost, og menuen er meget begrænset. Men hver dag er det fyldt med horder af arbejdere fra nærliggende kontorer, tiltrukket af dets meget rimelige priser og lækre hjemmelavede mad.

2 spsk olivenolie

3 pund svinekoteletter, skåret i individuelle ribben

Salt og friskkværnet sort peber

1 mellemstor løg, finthakket

1 mellemstor gulerod, finthakket

1 mør selleristængel, finthakket

2 finthakkede fed hvidløg

4 salvieblade, hakket

11/2 kop tør hvidvin

2 kopper knuste tomater på dåse

1.I en hollandsk ovn eller stor tung gryde, opvarm olien over
medium varme. Tilføj nok ribben til at passe behageligt i
gryden. Brun dem godt, cirka 15 minutter. Overfør ribbenene
til en tallerken. Drys med salt og peber. Fortsæt med de
resterende ribben. Når alt er klar, fjern alt på nær 2 spsk fedt
med en ske.

2.Tilsæt løg, gulerod, selleri, hvidløg og salvie og kog indtil det
er blødt, cirka 5 minutter. Tilsæt vinen og lad det simre i 1
minut, rør med en træske og skrab op og rør de brunede
stykker i bunden af gryden.

3.Kom ribbenene tilbage i gryden. Tilsæt tomater, salt og peber
efter smag. Kog i 1 til 11/2 time eller indtil ribbenene er
meget møre og kødet falder af benet.

4.Overfør ribben og tomatsauce til en tallerken og server med
det samme.

Krydrede ribben, toscansk stil

Puntature alla Toscana

Gør 4 til 6 portioner

Sammen med mine venner fra olivenoliefirmaet Lucini besøgte jeg olivenlundene i Chianti-regionen i Toscana. Vores gruppe journalister spiste frokost i en olivenlund. Udover diverse bruschettes og spegepølse fik vi serveret bøf, pølser, ribben og grøntsager, alt sammen stegt på vinskiver. Svinekoteletterne marineret i lækker olivenolie og knuste krydderier var min favorit, og vi forsøgte alle at gætte, hvad der var i blandingen. Kanel og fennikel var enkle, men vi var alle overraskede over at høre, at et andet krydderi var knust anis. Jeg kan godt lide at bruge små svinekoteletter til denne opskrift, men svinekoteletter ville også fungere godt.

2 stjerneanis

1 spsk fennikelfrø

6 enebær, knust let med siden af en tung kniv

1 spsk fint eller kosher havsalt

1 tsk kanel

1 tsk fintkværnet sort peber

En knivspids knust rød peber

4 spiseskefulde olivenolie

4 pund hakke, skåret i individuelle ribben

1.Kom stjerneanis, fennikel, enebær og salt i en krydderikværn
eller blender. Kværn indtil fint, cirka 1 minut.

2.I en stor lav skål kombineres indholdet af krydderimøllen
med kanel og rød og sort peber. Tilsæt olie og bland godt.
Gnid blandingen over hele ribbenene. Læg ribbenene i en skål.
Dæk til med plastfolie og stil på køl i 24 timer under omrøring
af og til.

3.Placer grillen eller grillen omkring 6 tommer fra varmekilden.
Varm grillen eller grillen op. Dup ribbenene tørre, grill eller
steg dem, vend dem ofte, indtil de er brune og gennemstegte,
cirka 20 minutter. Serveres varm.

Ribben og bønner

Puntini og Fagioli

Giver 6 portioner

Når jeg ved, at jeg har en travl uge foran mig, kan jeg godt lide at piske gryderetter som denne. De bliver kun bedre, når de er lavet i forvejen og behøver kun en hurtig genopvarmning for at lave en tilfredsstillende middag. Server dem med kogte grøntsager såsom spinat eller endivie, eller med en grøn salat.

2 spsk olivenolie

3 pund svinekoteletter i landlig stil, skåret i individuelle ribben

1 hakket løg

1 hakket gulerod

1 finthakket fed hvidløg

2½ pund friske tomater, skrællede, frøet og skåret i tern eller 1 dåse (28 oz.) flåede tomater i tern

1 kvist rosmarin (3 tommer)

1 kop vand

Salt og friskkværnet sort peber

3 kopper kogte eller dåse cannellinibønner eller tranebær, drænet

1.Varm olien op ved middel varme i en stor hollandsk ovn eller en anden dyb, tung gryde med tætsluttende låg. Tilføj nok ribben til at passe behageligt i gryden. Brun dem godt, cirka 15 minutter. Overfør ribbenene til en tallerken. Drys med salt og peber. Fortsæt med de resterende ribben. Når det hele er klar, hældes 2 spsk fedt ovenpå.

2.Tilsæt løg, gulerod og hvidløg i gryden. Kog, omrør ofte, indtil grøntsagerne er møre, cirka 10 minutter. Tilsæt ribbenene, derefter tomater, rosmarin, vand og salt og peber efter smag. Bring i kog og kog i 1 time.

3.Tilsæt bønnerne, læg låg på og kog i 30 minutter, eller indtil kødet er meget mørt og begynder at falde af benet. Test og juster saunaen. Serveres varm.

Krydrede svinekoteletter med syltede peberfrugter

Braciole di Maiale med Peperoncini

Giver 4 portioner

Krydrede syltede chilier og søde syltede peberfrugter er et godt tilbehør til saftige svinekoteletter. Juster proportionerne af chili og paprika efter din smag. Server dem med fritter.

2 spsk olivenolie

4 centerskårne svinekam, hver omkring 1 tomme tykke

Salt og friskkværnet sort peber

4 fed hvidløg, skåret i tynde skiver

11/2 kopper skåret kandiserede peberfrugter

1/4 kop skåret kandiserede peberfrugter, comoperoncin eller jalapeño eller flere peberfrugter

2 spsk syltesaft eller hvidvinseddike

2 spsk hakket frisk persille

1. Varm olien op i en stor, tung stegepande over medium-høj varme. Dup ribbenene tørre med køkkenrulle, og drys derefter med salt og peber. Kog ribbenene, indtil de er gyldenbrune, cirka 2 minutter, vend derefter med en tang og brun den anden side, cirka 2 minutter mere.

2. Reducer varmen til medium. Arranger hvidløgsskiverne rundt om ribbenene. Dæk gryden til og kog i 5 til 8 minutter, eller indtil ribbenene er møre og let lyserøde, når de skæres nær knoglen. Juster varmen, så hvidløgene ikke bliver mørkebrune. Flyt ribbenene over på en tallerken og læg låg på for at holde dem varme.

3. Tilsæt sød og krydret paprika og kandiseret juice eller eddike til gryden. Kog under omrøring i 2 minutter, eller indtil peberfrugten er gennemvarmet og saften er sød.

4. Tilsæt persille. Hæld grydens indhold over ribbenene og server med det samme.

Svinekoteletter med rosmarin og æbler

Braciole al Mele

Giver 4 portioner

Den søde-syre smag af æbler passer perfekt til svinekoteletter. Denne opskrift kommer fra Friuli-Venezia Giulia.

4 center-cut svinekoteletter, hver omkring 1 tomme tyk

Salt og friskkværnet sort peber

1 spsk frisk hakket rosmarin

1 spsk usaltet smør

4 gyldne lækre æbler, skrællet og skåret i 1/2-tommers stykker

1/2 kopHønsekødssuppe

1.Dup kødet tørt med køkkenrulle. Drys begge sider af ribbenene med salt, peber og rosmarin.

2.I en stor, tung stegepande smeltes smørret over medium varme. Tilsæt ribbenene og steg, indtil de er godt brune på den ene side, cirka 2 minutter. Vend ribbenene med en tang og brun den anden side, cirka 2 minutter mere.

3. Arranger æblerne rundt om ribbenene og hæld bouillonen ved. Dæk gryden med låg og sænk varmen. Kog i 5 til 10 minutter, vend ribbenene én gang, indtil de er møre og let lyserøde, når de skæres tæt ind til benet. Server straks.

Costolette di Maiale med Funghi

Giver 4 portioner

Når du køber svinekoteletter, skal du kigge efter udskæringer af samme størrelse og tykkelse, så de koger jævnt. Hvide svampe, vin og tomater er saucerne til disse svinekoteletter. Den samme behandling fungerer godt til okseribben.

4 spiseskefulde olivenolie

4 centerskårne svinekam, hver omkring 1 tomme tykke

Salt og friskkværnet sort peber

1 1/2 kop tør hvidvin

1 kop hakkede friske eller dåsetomater

1 spsk frisk hakket rosmarin

1 pakke (12 ounce) hvide svampe, let skyllet, stilket og halveret eller i kvarte, hvis de er store

1.Opvarm 2 spsk olie i en stor, tung stegepande over medium varme. Drys ribbenene med salt og peber. Læg ribbenene i et enkelt lag i gryden. Steg til de er gyldenbrune på den ene side, cirka 2 minutter. Vend ribbenene med en tang og brun den anden side, cirka 1 til 2 minutter mere. Overfør ribbenene til en tallerken.

2.Kom vinen i gryden og lad det simre. Tilsæt tomater, rosmarin og salt og peber efter smag. Dæk til og kog i 10 minutter.

3.Opvarm i mellemtiden de resterende 2 spsk olie i en medium stegepande over medium varme. Tilsæt svampe, salt og peber efter smag. Kog, omrør ofte, indtil væsken er fordampet og svampe er gyldenbrune, cirka 10 minutter.

4.Kom svinekødsstykkerne tilbage i gryden med tomatsaucen. Tilsæt svampe. Dæk til og kog i yderligere 5-10 minutter, eller indtil svinekødet er gennemstegt og saucen er tyknet lidt. Server straks.

Svinekoteletter med porcini og rødvin

Ribben med champignon og vin

Giver 4 portioner

Bruning af ribben eller andre udskæringer af kød tilføjer smag og forbedrer deres udseende. Dup altid ribbenene tørre før bruning, da fugt på overfladen får kødet til at dampe, ikke brunt. Efter bruning braiseres disse ribben med tørt svinekød og rødvin. Den tunge creme giver saucen en jævn tekstur og rig smag.

1 ounce tørrede porcini-svampe

1½ dl varmt vand

2 spsk olivenolie

4 centerskårne svinekam, cirka 1 tomme tykke

Salt og friskkværnet sort peber

1½ kop tør rødvin

1¼ kop tung fløde

1. Læg svampene i en skål med vand. Lad hvile i 30 minutter. Fjern svampene fra væsken og skyl dem godt under rindende vand, og vær særlig opmærksom på bunden af stænglerne, hvor jorden samler sig. Afdryp, og hak derefter fint. Hæld udblødningsvæsken gennem en kaffefilterpapirsigte i en skål.

2. Varm olien op i en stor gryde ved middel varme. Dup ribbenene tørre. Læg ribbenene i et enkelt lag i gryden. Kog indtil gyldenbrun, cirka 2 minutter. Vend ribbenene med en tang og brun den anden side, cirka 1 til 2 minutter mere. Drys med salt og peber. Overfør ribbenene til en tallerken.

3. Tilsæt vinen i gryden og lad det simre i 1 minut. Tilsæt porcini og deres iblødsætningsvæske. Reducer varmen til lav. Lad det simre i 5-10 minutter, eller indtil væsken er reduceret. Tilsæt fløden og kog i yderligere 5 minutter.

4. Kom ribbenene tilbage i gryden. Kog i yderligere 5 minutter eller indtil ribbenene er gennemstegte og saucen er tyknet. Server straks.

Svinekoteletter med kål

Costolette di Maiale med Cavolo Rosso

Giver 4 portioner

Balsamicoen tilfører farve og sødme til rødkålen og giver flæsket en fin balance. Du behøver ikke bruge anisbalsamicoeddike til denne opskrift. Gem det til at smage til ost eller kogt kød.

2 spsk olivenolie

4 centerskårne svinekam, cirka 1 tomme tykke

Salt og friskkværnet sort peber

1 stort løg, hakket

2 fed hvidløg, finthakket

2 pund Lombardiet kål, skåret i tynde strimler

1 1/4 kop balsamicoeddike

2 spsk vand

1.Varm olien op i en stor gryde ved middel varme. Dup ribbenene tørre med køkkenrulle. Tilsæt ribbenene i gryden. Kog indtil gyldenbrun, cirka 2 minutter. Vend kødet med en tang og brun den anden side i cirka 1-2 minutter mere. Drys med salt og peber. Overfør ribbenene til en tallerken.

2.Tilsæt løget i gryden og steg i 5 minutter. Tilsæt hvidløg og steg i yderligere 1 minut.

3.Tilsæt kål, balsamicoeddike, vand og salt efter smag. Dæk til og kog under omrøring af og til, indtil kålen er mør, cirka 45 minutter.

4.Tilsæt ribbenene i gryden og steg, vend en eller to gange i saucen, indtil kødet er gennemstegt og let rosa, når det skæres tæt på benet, ca. 5 minutter mere. Server straks.

Svinekoteletter med fennikel og hvidvin

Braciole di Maiale al Vi

Giver 4 portioner

Når disse ribben er færdige, vil der ikke være meget sauce tilbage i gryden, kun en skefuld eller to af den koncentrerede glasur for at fugte kødet. Hvis du foretrækker ikke at bruge fennikelfrø, så prøv at erstatte en spiseskefuld frisk rosmarin.

2 spsk olivenolie

4 centerskårne svinekam, cirka 1 tomme tykke

1 fed hvidløg, let knust

Salt og friskkværnet sort peber

2 teskefulde fennikelfrø

1 kop tør hvidvin

1.Varm olien op i en stor gryde ved middelhøj varme. Dup svinekoteletterne tørre. Tilsæt svinekoteletter og hvidløg til gryden. Kog indtil ribbenene er gyldenbrune, cirka 2 minutter. Drys med fennikelfrø og salt og peber. Vend ribbenene med en tang og brun den anden side, cirka 1-2 minutter mere.

2. Tilsæt vinen og bring det i kog. Dæk til og kog i 3 til 5 minutter, eller indtil ribbenene er gennemstegte og let lyserøde, når de skæres tæt ind til benet.

3. Overfør ribbenene til en tallerken og kassér hvidløget. Kog pandesaften indtil den er reduceret og tyknet. Hæld saften over ribbenene og server med det samme.

Svinekød koteletter, pizza stil

Braciole alla Pizzaiola

Giver 4 portioner

I Napoli kan du også tilberede svinekoteletter og små bøffer i pizzaiola, pizzeria-stil. Saucen serveres normalt som en førsteret med spaghetti. Ribben serveres som en anden ret med en grøn salat. Der skal være sauce nok til et halvt kilo spaghetti, en spiseske eller mere til at servere med ribben.

2 spsk olivenolie

4 svinekoteletter, cirka 1 tomme tykke

Salt og friskkværnet sort peber

2 fed hvidløg, finthakket

1 dåse (28 oz.) flåede, drænede og hakkede tomater

1 tsk tørret oregano

1 knivspids stødt rød peber

2 spsk hakket frisk persille

1. Varm olie op i en stor stegepande over medium varme. Dup ribbenene tørre og drys med salt og peber. Tilsæt ribbenene i gryden. Kog indtil ribbenene er gyldenbrune, cirka 2 minutter. Vend ribbenene med en tang og brun den anden side, cirka 2 minutter mere. Overfør ribbenene til en tallerken.

2. Tilsæt hvidløg til gryden og steg i 1 minut. Tilsæt tomater, oregano, rød peber og salt efter smag. Bring saucen i kog. Kog, under omrøring af og til, i 20 minutter, eller indtil saucen er tyk.

3. Kom ribbenene tilbage i saucen. Kog i 5 minutter, vend ribbenene en eller to gange, indtil de er gennemstegte og lidt rosa, når de skæres tæt ind til benet. Drys med persille. Server med det samme, eller hvis du bruger spaghetti sauce, dæk ribbenene med aluminiumsfolie for at holde varmen.

Svinekotelet, Molise-stil

Pampanella Sammartine

Giver 4 portioner

Disse ribben er krydrede og usædvanlige. Der var engang, hvor Molises kokke selv tørrede paprika i solen for at lave paprika. Kommercielt produceret sød rød peber bruges i øjeblikket i Italien. I USA skal du bruge paprika importeret fra Ungarn for den bedste smag.

Det er svært at stege svinekoteletter, fordi de meget let kan tørre ud. Hold godt øje med dem og steg dem til kødet er let rosa tæt ved benet.

1/4 kop sød rød peber

2 hakkede fed hvidløg

1 tsk salt

Kværnet rød peber

2 spsk hvidvinseddike

4 centerskårne svinekam, cirka 1 tomme tykke

1.I en lille skål kombineres paprika, hvidløg, salt og en knivspids knust rød peber. Tilsæt eddike og bland indtil glat. Læg ribbenene på en tallerken og beklæd dem over det hele med pastaen. Dæk til og afkøl i 1 time til natten over.

2.Placer grillen eller grillen omkring 6 tommer fra varmekilden. Varm grillen eller grillen op. Kog koteletten, indtil den er brun på den ene side, cirka 6 minutter, vend derefter kødet med en tang og brun den anden side, cirka 5 minutter mere. Skær ribbenene tæt på knoglen; kødet skal være let rosa. Server straks.

Balsamicoglaseret svinemørbrad med rucola og parmesan

Balsamico svinekød med salat

Giver 6 portioner

Svinemørbrad koger hurtigt og er fedtfattigt. Her er glaserede flæskeskiver sat sammen med en sprød rucolasalat. Hvis du ikke kan finde rucola, skal du erstatte brøndkarse.

2 svinemørbrad (ca. 1 pund hver)

1 finthakket fed hvidløg

1 spsk balsamicoeddike

1 tsk honning

Salt og friskkværnet sort peber

salat

2 spsk olivenolie

1 spsk balsamicoeddike

Salt og friskkværnet sort peber

6 kopper hakket, skyllet og tørret rucola

Et stykke Parmesan-Reggiano

1.Sæt risten i midten af ovnen. Forvarm ovnen til 450 ° F. Smør en bageplade, der er stor nok til at rumme svinekødet.

2.Dup svinekødet tørt med køkkenrulle. Fold de tynde ender ned for ensartet tykkelse. Læg bøfferne i gryden en tomme fra hinanden.

3.Bland hvidløg, eddike, honning og salt og peber efter smag i en lille skål.

4.Pensl blandingen over kødet. Sæt svinekødet i ovnen og steg i 15 minutter. Hæld 1/2 dl vand rundt om kødet. Steg i yderligere 10 til 20 minutter eller indtil de er gyldne og møre. (Svinekødet er færdigt, når den indre temperatur når 150°F på et termometer med øjeblikkelig aflæsning.) Fjern svinekødet fra ovnen. Lad det stå i gryden og lad det hvile i mindst 10 minutter.

5.Pisk olie, eddike, salt og peber efter smag i en stor skål. Tilsæt rucola og bland med dressingen. Læg rucolaen i midten af en stor ildfast fad eller på individuelle tallerkener.

6.Skær svinekødet i tynde skiver og læg rundt om grøntsagerne. Dryp med pandesaft. Brug en grøntsagsskræller med et roterende blad til at barbere tynde skiver af Parmigiano-Reggiano over rucolaen. Server straks.

Svinefilet med krydderurter

Maiale alle Erbe filet

Giver 6 portioner

Svinemørbrader er nu tilgængelige, normalt pakket to pr. pakke. De er magre og møre, hvis de ikke koges længe, selvom smagen er meget mild. Grillning giver dem mere smag, og de kan serveres varme eller ved stuetemperatur.

2 svinemørbrad (ca. 1 pund hver)

2 spsk olivenolie

2 spsk hakket frisk salvie

2 spsk hakket frisk basilikum

2 spsk friskhakket rosmarin

1 finthakket fed hvidløg

Salt og friskkværnet sort peber

1.Dup kødet tørt med køkkenrulle. Læg svinefileterne på en
  tallerken.

2. Bland olie, krydderurter, hvidløg og salt og peber efter smag i en lille skål. Gnid blandingen over bøfferne. Dæk til og afkøl i mindst 1 time eller op til natten over.

3. Varm grillen eller grillen op. Steg bøfferne i 7-10 minutter, eller indtil de er gyldenbrune. Vend kødet med en tang og steg i yderligere 7 minutter, eller indtil et termometer, der er sat ind i midten, registrerer 150° F. Smag til med salt. Lad kødet hvile i 10 minutter inden det skæres i skiver. Serveres varm eller ved stuetemperatur.

Calabrese svinekam med honning og chili

Carn 'ncantarata

Giver 6 portioner

Calabriske kokke tilføjer mere end nogen anden italiensk region chilipeber til deres køkken. Chili bruges frisk, tørret, stødt eller knust til blade eller pulver som paprika eller cayenne.

I Castrovillari spiste min mand og jeg på Locanda di Alia, en elegant restaurant og kro på landet. Den mest berømte restaurant i området drives af brødrene Alia. Gaetano er kokken, mens Pinuccio er foran huset. Deres speciale er svinekød marineret i fennikel og chili med honning og chilisauce. Pinuccio forklarede, at opskriften, mindst to hundrede år gammel, var lavet af konserveret svinekød, der var blevet saltet og lagret i flere måneder. Dette er en mere fleksibel måde at gøre det på.

Fennikelpollen kan findes i mange urte- og kryddeributikker. (Jeg ser fra kilderne.) Hvis pollen ikke er tilgængelig, kan knuste fennikelfrø bruges.

2 svinemørbrad (ca. 1 pund hver)

2 spiseskefulde honning

1 tsk salt

1 tsk fennikelpollen eller knuste fennikelfrø

En knivspids knust rød peber

11/2 kop appelsinjuice

2 spsk rød peber

1.Sæt risten i midten af ovnen. Forvarm ovnen til 425 ° F. Smør
en bageplade, der er stor nok til at rumme svinekødet.

2.Fold de tynde ender af fileterne under, så de får ensartet
tykkelse. Læg bøfferne i gryden en tomme fra hinanden.

3.I en lille skål piskes honning, salt, fennikelpollen og knust rød
peber sammen. Pensl blandingen over kødet. Sæt svinekødet i
ovnen og steg i 15 minutter.

4.Hæld appelsinsaften rundt om kødet. Steg i yderligere 10-20
minutter eller indtil de er gyldne og møre. (Svinekødet er
færdigt, når den indre temperatur når 150°F på et
termometer med øjeblikkelig aflæsning.) Overfør svinekødet

til et skærebræt. Dæk med alufolie og hold varmt, mens du laver saucen.

5.Sæt bagepladen på medium varme. Tilsæt rød peber og kog, skrab bunden af gryden, i 2 minutter.

6.Skær svinekødet i skiver og server med saucen.

Stegt flæsk med kartofler og rosmarin

Maiale ribben med kartofler

Gør 6 til 8 portioner

Alle elsker denne flæskesteg; det er nemt at lave og kartoflerne suger smagen af svinekødet op, når de tilberedes sammen i samme gryde. uimodståelig

1 center-skåret udbenet svinekam (ca. 3 pund)

2 spsk friskhakket rosmarin

2 spsk friskhakket hvidløg

4 spiseskefulde olivenolie

Salt og friskkværnet sort peber

2 pund nye kartofler, halveret eller kvarte, hvis de er store

1.Sæt risten i midten af ovnen. Forvarm ovnen til 425° F. Smør en bradepande, der er stor nok til at rumme svinekød og kartofler uden at trænge dem sammen.

2.I en lille skål laver du en pasta med rosmarin, hvidløg, 2 spsk olie og masser af salt og peber. Smid kartoflerne i gryden med de resterende 2 spsk olie og halvdelen af hvidløgspastaen. Skub kartoflerne til side og læg kødet med fedtsiden opad i midten af gryden. Gnid eller fordel den resterende pasta over hele kødet.

3.Steg i 20 minutter. Vend kartoflerne. Reducer varmen til 350° F. Steg i 1 time mere, vend kartoflerne hvert 20. minut. Kødet er færdigt, når svinekødets indre temperatur når 150°F på et øjeblikkeligt aflæst termometer.

4.Overfør kødet til et skærebræt. Dæk løst med aluminiumsfolie og lad hvile i 10 minutter. Kartoflerne skal være gyldne og bløde. Øg eventuelt varmen og kog dem lidt længere.

5.Skær kødet i skiver og læg det på en varm bakke omgivet af kartofler. Serveres varm.

Citronsvinemørbrad

Mayale med citron

Gør 6 til 8 portioner

Stegt svinemørbrad med citronskal er en god søndagsmiddag. Jeg serverer den med stuvede cannellinibønner og en grøn grøntsag som broccoli eller rosenkål.

Smørring af mørbraden er ret nemt at gøre selv, hvis du følger anvisningerne; ellers lad slagteren klare det.

1 center-skåret udbenet svinekam (ca. 3 pund)

1 tsk citronskal

2 finthakkede fed hvidløg

2 spsk hakket frisk persille

2 spsk olivenolie

Salt og friskkværnet sort peber

11/2 kop tør hvidvin

1.Sæt risten i midten af ovnen. Forvarm ovnen til 425° F. Smør en bradepande, der er stor nok til at rumme kødet.

2.Bland citronskal, hvidløg, persille, olie og salt og peber efter smag i en lille skål.

3.Dup kødet tørt med køkkenrulle. For at sommerfugle svinekødet, læg det på et skærebræt. Brug en lang, skarp kniv, såsom en udbeningskniv eller kokkekniv, skær svinekødet næsten i halve på langs, og stop omkring 3/4 tomme fra den ene langside. Åbn kødet som en bog. Fordel citron-hvidløgsblandingen på kødsiden. Rul svinekødet side til side som en pølse og bind med køkkensnor med 2-tommers mellemrum. Drys ydersiden med salt og peber.

4.Læg kødet med fedtsiden opad i den forberedte gryde. Steg i 20 minutter. Reducer varmen til 350° F. Steg i yderligere 40 minutter. Tilsæt vinen og steg i yderligere 15 til 30 minutter, eller indtil et termometer med øjeblikkelig aflæsning registrerer 150 °F.

5.Overfør stegen til et skærebræt. Dæk kødet med alufolie uden at trykke. Lad hvile i 10 minutter før udskæring. Stil gryden på komfuret over medium varme og reducer pandesaften lidt.

Skær svinekødet i skiver og læg det på et serveringsfad. Hæld saften over kødet. Serveres varm.

Svinefilet med æbler og grappa

Maiale Melega

Gør 6 til 8 portioner

Æbler og løg med grappa og rosmarin smag til denne lækre flæskesteg fra Friuli-Venezia Giulia.

1 center-skåret udbenet svinekam (ca. 3 pund)

1 spsk frisk hakket rosmarin, plus mere til pynt

Salt og friskkværnet sort peber

2 spsk olivenolie

2 Granny Smith eller andre syrlige æbler, skrællet og skåret i tynde skiver

1 lille løg, skåret i tynde skiver

1/4 kop grappa eller brandy

11/2 kop tør hvidvin

1.Sæt risten i midten af ovnen. Forvarm ovnen til 350 ° F. Smør let en bradepande, der er stor nok til at rumme kødet.

2.Gnid svinekødet med rosmarin, salt og peber efter smag og olivenolie. Læg kødet med fedtsiden i gryden og omkrans det med æble- og løgskiver.

3.Hæld grappa og vin over kødet. Steg i 1 time og 15 minutter, eller indtil et øjeblikkeligt termometer indsat i midten registrerer 150° F. Overfør kødet til et skærebræt og dæk med aluminiumsfolie for at holde det varmt.

4.Æbler og løg skal være bløde. Hvis ikke, så sæt gryden tilbage i ovnen og steg i yderligere 15 minutter.

5.Når de er bløde, purér æbler og løg i en foodprocessor eller blender. Purér indtil glat. (Hvis det er nødvendigt, tilsæt en spiseskefuld eller to varmt vand for at fortynde blandingen).

6.Skær kødet i skiver og læg det på en varm tallerken. Stil æble- og løgmosen til side. Pynt med frisk rosmarin. Serveres varm.

Stegt flæsk med hasselnødder og fløde

Arrosto di Maiale alle Nocciole

Gør 6 til 8 portioner

Dette er en variation af den piemontesiske flæskestegsopskrift, der først dukkede op i min bog, Italiensk julemadlavning. Her beriger cremen sammen med hasselnødderne saucen.

1 center-skåret udbenet svinekam (ca. 3 pund)

2 spsk friskhakket rosmarin

2 fed hvidløg, finthakket

2 spsk olivenolie

Salt og friskkværnet sort peber

1 kop tør hvidvin

1/2 kop hasselnødder, ristede, flåede og hakket i store stykker (seSådan ristes og skal du valnødder)

1 kop hjemmelavetKødbouillonellerHønsekødssuppe, eller købt oksekød eller hønsefond

[1]1/2 kop tung fløde

1.Sæt risten i midten af ovnen. Forvarm ovnen til 425° F. Smør en bradepande, der er stor nok til at rumme kødet.

2.I en lille skål blandes rosmarin, hvidløg, olie og salt og peber efter smag. Læg kødet i gryden med fedtsiden opad. Gnid hvidløgsblandingen over hele svinekødet. Kog kødet i 15 minutter.

3.Hæld vinen over kødet. Bages i yderligere 45 til 60 minutter, eller indtil svinekød når 150°F på et øjeblikkeligt termometer, og kødet er mørt, når det gennembores med en gaffel. Tilbered imens hasselnødderne evt.

4.Overfør kødet til et skærebræt. Dæk med aluminiumsfolie for at holde varmen.

5.Stil gryden på komfuret over medium varme og lad saften simre. Tilsæt bouillon og lad det simre i 5 minutter, skrab op og rør de brunede stykker i bunden af gryden med en træske. Tilsæt fløde og lad det simre, indtil det er tyknet lidt, cirka 2 minutter længere. Tilsæt hakkede valnødder og tag dem af varmen.

6.Skær kødet i skiver og læg skiverne på en tallerken til servering varm. Hæld saucen over svinekødet og server varmt.

Toscansk svinekam

Arista di Maiale

Gør 6 til 8 portioner

Her er en klassisk flæskesteg i toscansk stil. At koge kød på benet gør det meget mere velsmagende, og benene er også gode til at tygge.

3 fed hvidløg

2 spsk frisk rosmarin

Salt og friskkværnet sort peber

2 spsk olivenolie

1 udbenet prime rib, midterste skåret, omkring 4 pund

1 kop tør hvidvin

1.Sæt risten i midten af ovnen. Forvarm ovnen til 325 ° F. Smør en bradepande, der er stor nok til at rumme bøffen.

2.Hak hvidløg og rosmarin fint og læg dem i en lille skål. Tilsæt salt og peber efter smag og bland det godt sammen til en pasta. Læg stegen med fedtsiden i gryden. Brug en lille kniv til at lave dybe snit over hele overfladen af svinekødet, og derefter arbejde blandingen ind i udskæringerne. Gnid hele stegen med olivenolie.

3.Bag i 1 time og 15 minutter, eller indtil kødet når 150°F på et indvendigt termometer. Overfør kødet til et skærebræt. Dæk med aluminiumsfolie for at holde varmen. Lad stå i 10 minutter.

4.Sæt gryden på komfuret over lav varme. Tilsæt vinen og kog, skrab op og rør de brunede stykker i bunden af gryden med en træske, indtil let reduceret, cirka 2 minutter. Hæld saften gennem en sigte i en skål og skum fedtet af. Genopvarm evt.

5.Skær kødet i skiver og læg det på et fad til servering varmt. Serveres varm med saften fra panden.

Stegt svinekødskulder med fennikel

porchetta

Giver 12 portioner

Dette er min version af det fantastiske flæskesteg kendt som porchetta, som sælges i hele det centrale Italien, inklusive Lazio, Umbrien og Abruzzo. Svinekoteletter sælges i specielle lastbiler og kan bestilles som sandwich eller pakket ind i papir med hjem. Selvom kødet er lækkert, er det sprøde svineskind den bedste del.

Bøffen tilberedes i lang tid og ved høj temperatur, fordi den er meget tæt. Det høje fedtindhold holder kødet fugtigt og skindet brunt og sprødt. Svinekød kan erstattes med frisk skinke.

1 (7 lb) stegt svinekød

8 til 12 fed hvidløg

2 spsk friskhakket rosmarin

1 spsk fennikelfrø

1 spiseskefuld salt

1 tsk friskkværnet sort peber

11/4 kop olivenolie

1.Cirka 1 time før du begynder at stege kødet, skal du tage det ud af køleskabet.

2.Hak hvidløg, rosmarin, fennikel og salt fint, og læg derefter krydderierne i en lille skål. Tilsæt peber og olie for at danne en jævn pasta.

3.Lav dybe snit på overfladen af svinekødet med en lille kniv. Sæt pastaen ind i rillerne.

4.Sæt risten i den nederste tredjedel af ovnen. Forvarm ovnen til 350 ° F. Når den er klar, skal du placere bøffen i ovnen og stege i 3 timer. Fjern overskydende fedt med en ske. Steg kødet i yderligere 1 til 1 1/2 time, eller indtil et termometer med øjeblikkelig aflæsning viser 160 ° F. Når kødet er færdigt bliver fedtet sprødt og mørkebrunt.

5.Overfør kødet til et skærebræt. Dæk med aluminiumsfolie for at holde varmen og lad hvile i 20 minutter. Skær og server varmt eller ved stuetemperatur.

Stegt pattegris

Stegt gris

Gør 8 til 10 portioner

En pattegrise er en, der ikke må spise voksengrisemad. I USA vejer smågrise typisk 15 til 20 pund, selvom de i Italien er det halve. Selv ved den højere vægt er der virkelig ikke meget kød i pattegrisen, så planlæg ikke at servere mere end otte til ti gæster. Sørg også for, at du har en bageplade, der er stor nok til at rumme en hel pattegrise, som er omkring 30 tommer lang, og sørg for, at din ovn passer til panden. Enhver god slagter burde være i stand til at skaffe dig en frisk pattegrise, men foretag din research, før du planlægger.

Sardinske kokke er berømte for deres svinekød, men jeg har spist det mange steder i Italien. Det, jeg husker bedst, er at være en del af en mindeværdig frokost på vingården Majo di Norante i Abruzzo.

1 pattegris, omkring 15 lbs

4 fed hvidløg

2 spsk hakket frisk persille

1 spsk frisk hakket rosmarin

1 spsk hakket frisk salvie

1 tsk hakkede enebær

Salt og friskkværnet sort peber

6 spiseskefulde olivenolie

2 laurbærblade

1 kop tør hvidvin

Æble, appelsin eller anden frugt til dekoration (valgfrit)

1.Sæt risten i den nederste tredjedel af ovnen. Forvarm ovnen
til 425 ° F. Smør en bageplade, der er stor nok til at rumme
svinekødet.

2.Skyl svinekødet grundigt indvendigt og udvendigt og dup det
tørt med køkkenrulle.

3.Hak hvidløg, persille, rosmarin, salvie og enebær, og læg derefter krydderierne i en lille skål. Tilsæt rigeligt salt og friskkværnet peber. Tilsæt to spiseskefulde olie.

4.Læg svinekødet på siden på en stor bagerist i den tilberedte gryde og fordel urteblandingen i kropshulen. Tilsæt laurbærblade. Skær slidser omkring 1/2 tomme dybe på hver side af rygsøjlen. Gnid den resterende olie over hele svinekødet. Dæk ører og hale med aluminiumsfolie. (Hvis du vil servere en hel gris med et æble eller anden frugt i munden, så hold munden åben med en kugle af aluminiumsfolie på størrelse med frugt.) Krydr ydersiden med salt og peber.

5.Steg flæsket i 30 minutter. Reducer varmen til 350° F. Afglasér med vin. Steg i yderligere 2 til 21/2 time, eller indtil et øjeblikkeligt aflæst termometer indsat i den kødfulde del af bagparten registrerer 170° F. Drys med pandesaft hvert 20. minut.

6.Overfør svinekødet til et stort skærebræt. Dæk med aluminiumsfolie og lad hvile i 30 minutter. Fjern foliedækslet og foliekuglen fra munden, når du bruger dem. Hvis du bruger, udskift foliekuglen med frugt. Overfør til en tallerken og server varm.

7.Skum fedtet af saften i gryden og varm op ved svag varme. Hæld saften over kødet. Server straks.

Udbenet svinefilet stegt med krydderier

Maiale og Porchetta

Gør 6 til 8 portioner

Den udbenede svinekam er stegt med de samme krydderier, der bruges til porchetta (ristet pattegris) i mange dele af det centrale Italien. Efter en kort periode med høj varme sænkes ovntemperaturen, hvilket holder kødet mørt og saftigt.

4 fed hvidløg

1 spsk frisk rosmarin

6 friske salvieblade

6 enebær

1 tsk salt

1 1/2 tsk friskkværnet sort peber

1 udbenet, center-skåret flæskesteg, omkring 3 pund

Ekstra jomfru oliven olie

1 kop tør hvidvin

1.Sæt risten i midten af ovnen. Forvarm ovnen til 450 ° F. Smør
en bradepande, der er stor nok til at rumme svinekødet.

2.Hak hvidløg, rosmarin, salvie og enebær fint. Rør
urteblandingen, salt og peber i.

3.Brug en stor, skarp kniv til at skære kødet på langs ned på
midten, og lad det ligge på siden. Åbn kødet som en bog og
fordel to tredjedele af krydderiblandingen over kødet. Luk
kødet og bind med sejlgarn med 2-tommers mellemrum. Gnid
resten af krydderiblandingen udenpå. Læg kødet i gryden.
Dryp med olivenolie.

4.Steg flæsket i 10 minutter. Reducer varmen til 300°F og steg i
yderligere 60 minutter, eller indtil svinekød når 150°F.

5.Overfør stegen til et serveringsfad og dæk med alufolie. Lad
stå i 10 minutter.

6.Tilsæt vinen i gryden og sæt den på komfuret ved middel
varme. Kog, skrab de brune stykker op i gryden med en
træske, indtil saften reduceres og tykner. Skær svinekødet i
skiver og kom saften i gryden. Serveres varm.

Grillet svinekød i mælk

Maiale al Latte

Gør 6 til 8 portioner

I Lombardiet og Veneto tilberedes oksekød, svinekød og kylling nogle gange i mælk. På den måde forbliver kødet blødt, og når det er færdigt, bliver mælken til en cremet brun sauce, der kan serveres til kødet.

Grøntsager, bacon og vin giver smag. Jeg bruger en udbenet skulder eller side-til-side bøf til denne ret, fordi den fungerer godt til langsom, fugtig madlavning. Kødet tilberedes på komfuret, så der er ingen grund til at tænde for ovnen.

1 udbenet eller mellemstegt svinekødskulder (ca. 3 pund)

4 ounce bacon, fint hakket

1 finthakket gulerod

1 lille hakke blød selleri

1 mellemstor løg, finthakket

1 liter mælk

Salt og friskkværnet sort peber

11/2 kop tør hvidvin

1.Kombiner svinekød, bacon, gulerødder, selleri, løg, mælk og
salt og peber i en stor hollandsk ovn eller en anden dyb,
tætsiddende gryde. Bring væsken i kog ved middel varme.

2.Dæk delvist til gryden og kog over medium varme, vend af og
til, i cirka 2 timer, eller indtil kødet er gaffelmørt.

3.Overfør kødet til et skærebræt. Dæk med aluminiumsfolie for
at holde varmen. Skru op for varmen under gryden og kog
indtil væsken er reduceret og let brunet. Hæld saften gennem
en si i en skål, og hæld derefter væsken tilbage i gryden

4.Hæld vinen i gryden og lad det simre, skrab op og rør de
brunede stykker med en træske. Skær svinekødet i skiver og
læg det på en varm bageplade. Hæld kogevæsken over.
Serveres varm.

Braiseret svinekødskulder med druer

Maiale under 'Raîm

Gør 6 til 8 portioner

Svinekød skulder eller lænd er især god til at braisere. Holder sig dejlig fugtig på trods af den lange tilberedning. Jeg plejede at lave denne sicilianske opskrift med svinemørbrad, men nu synes jeg, at lænden er for mager og har mere smag på paletten.

1 kilo perleløg

3 pund skulder- eller benfri svinemørbrad, rullet og bundet

2 spsk olivenolie

Salt og friskkværnet sort peber

11/4 kop hvidvinseddike

1 pund kerneløse, stilkeløse grønne druer (ca. 3 kopper)

1.Bring en stor gryde vand i kog. Tilsæt løg og steg i 30 sekunder. Dræn og afkøl under koldt rindende vand.

2. Barber spidsen af roden med en skarp køkkenkniv. Skær ikke enderne for dybt, ellers falder løgene fra hinanden under tilberedningen. Fjern skindet.

3. I en hollandsk ovn, der er stor nok til at rumme kødet eller en anden tung gryde med et tætsluttende låg, opvarmes olien over medium-høj varme. Dup svinekødet tørt med køkkenrulle. Læg svinekødet i gryden og brun det godt, cirka 20 minutter. Vip gryden og skum fedtet af med en ske. Drys svinekødet med salt og peber.

4. Tilsæt eddike og lad det simre, og skrab eventuelle brunede stykker op fra bunden af gryden med en træske. Tilsæt løg og 1 kop vand. Reducer varmen til lav og lad det simre i 1 time.

5. Tilsæt druerne. Bag i yderligere 30 minutter eller indtil kødet er meget mørt, når det gennembores med en gaffel. Overfør kødet til et skærebræt. Dæk med aluminiumsfolie for at holde varmen og lad hvile i 15 minutter.

6. Skær svinekødet i skiver og læg det på en varm bageplade. Hæld drueløgssaucen over og server med det samme.

Svinekødskulder i øl

Maiale ned til Birra

Giver 8 portioner

Sådan tilberedes friske svinelår i Trentino-Alt Adige, men da denne udskæring ikke er almindeligt tilgængelig i USA, bruger jeg de samme krydderier til at tilberede udbenet skulder. Ved slutningen af kogetiden er der meget fedt, men det kan nemt fjernes fra kogevæskens overflade. Endnu bedre, tilbered svinekødet dagen før servering og køl kødet og kogesaften separat. Fedtet hærder og er nemt at fjerne. Varm svinekødet op i kogevæsken inden servering.

5-7 pund udbenet svinekødsskulder (picnic eller Boston-lænd)

Salt og friskkværnet sort peber

2 spsk olivenolie

1 mellemstor løg, finthakket

2 finthakkede fed hvidløg

2 kviste frisk rosmarin

2 laurbærblade

12 ounces øl

1.Dup svinekødet tørt med køkkenrulle. Drys kødet med salt og peber.

2.Varm olien op ved middel varme i en stor hollandsk ovn eller en anden dyb, tung gryde med tætsluttende låg. Læg svinekødet i gryden og brun det godt på alle sider, cirka 20 minutter. Skær alt af undtagen 1 eller 2 spiseskefulde fedt.

3.Drys løg, hvidløg, rosmarin og laurbærblade over hele kødet og steg i 5 minutter. Tilsæt øl og lad det simre.

4.Dæk gryden til og kog, vend af og til, i 21/2 til 3 timer, eller indtil kødet er mørt, når det gennembores med en kniv.

5.Si saften fra gryden og fjern fedtet. Skær svinekødet i skiver og server med pandesaften. Serveres varm.

Lammekoteletter i hvidvin

Braciole di Agnello med hvidvin

Giver 4 portioner

Her er en grundlæggende måde at lave lammekoteletter på, som kan laves med møre lænd eller ribben udskæringer, eller de sejere, men meget billigere, ribbenskoteletter. For den bedste smag skal du trimme kødet for overskydende fedt og koge ribbenene, indtil de er lyserøde i midten.

2 spsk olivenolie

8 lammekoteletter, lænd eller ribben, 1 tomme tykke, trimmet

4 fed hvidløg, let knust

3 til 4 kviste rosmarin (2 tommer)

Salt og friskkværnet sort peber

1 kop tør hvidvin

1.Opvarm olien over medium-høj varme i en stegepande, der er stor nok til at holde ribbenene behageligt i et enkelt lag. Når olien er varm, dup ribbenene tørre. Krydr ribbenene med salt og peber, og læg dem derefter i gryden. Kog indtil ribbenene er gyldenbrune, cirka 4 minutter. Drys hvidløg og rosmarin rundt om kødet. Vend ribbenene med en tang og brun den anden side i cirka 3 minutter. Overfør ribbenene til en tallerken.

2.Kom vinen i gryden og lad det simre. Kog, skrab og rør de brunede stykker i bunden af gryden, indtil vinen reduceres og tykner lidt, cirka 2 minutter.

3.Kom ribbenene tilbage i gryden og kog i yderligere 2 minutter, vend en eller to gange i saucen, indtil de er lyserøde, når de skæres tæt ind til benet. Overfør ribbenene til et serveringsfad, hæld pandesaften over ribbenene og server med det samme.

Lammekoteletter med kapers, citron og salvie

Braciole di Agnello med Capper

Giver 4 portioner

Vecchia Roma er en af mine yndlingsrestauranter i Rom. Der er en dejlig udendørs have på kanten af den gamle ghetto, hvor man kan spise i varmt og solrigt vejr, men i koldt eller regnfuldt vejr nyder jeg også de hyggelige indendørs spisestuer. Dette lam er inspireret af en ret jeg smagte der, som er lavet med små mælkefårefrø. Jeg har i stedet tilpasset den til mørbrad, da de findes bredt her.

1 spsk olivenolie

8 lammekoteletter, lænd eller ribben, 1 tomme tykke, trimmet

Salt og friskkværnet sort peber

11/2 kop tør hvidvin

3 spiseskefulde frisk citronsaft

3 spsk kapers, skyllet og hakket

6 friske salvieblade

1. Varm olien op i en stor gryde ved middelhøj varme. Dup ribbenene tørre. Når olien er varm, drysses med salt og peber, og ribbenene lægges i gryden. Kog indtil ribbenene er gyldenbrune, cirka 4 minutter. Vend ribbenene med en tang og brun den anden side i cirka 3 minutter. Overfør ribbenene til en tallerken.

2. Hæld fedtet fra panden. Reducer varmen til lav. Bland vin, citronsaft, kapers og salvie i gryden. Bring i kog og kog i 2 minutter eller indtil let sukker.

3. Kom ribbenene tilbage i gryden og vend en eller to gange, indtil de er gennemvarme og lyserøde, når de skæres tæt på knoglen. Server straks.

Sprøde lammekoteletter

Braciolette Crunchy

Giver 4 portioner

Jeg spiste gederibben tilberedt på denne måde i Milano, ledsaget af artiskokhjerter stegt i den samme sprøde dej. Romerne bruger små lammekoteletter i stedet for ged og udelader osten. Under alle omstændigheder er en sprød blandet salat det perfekte tilbehør.

8 til 12 lammekoteletter, ca. 3/4 tomme tykke, i tynde skiver

2 store æg

Salt og friskkværnet sort peber

11/4 dl tørret brødkrummer

1/2 kop friskrevet Parmigiano-Reggiano

Olivenolie til stegning

1.Læg ribbenene på et skærebræt og bank forsigtigt i kødet, indtil det er cirka 1/2 tomme tykt.

2.Pisk æggene i et fladt fad med salt og peber efter smag. Bland brødkrummerne med osten på et stykke vokspapir.

3.Dyp ribbenene en ad gangen i æggene, rul derefter i rasperne, dup godt ind i rasperne.

4.Tænd ovnen på lavt niveau. Hæld cirka 1/2 tomme olie i en dyb pande. Varm olien op over medium-høj varme, indtil noget af æggeblandingen koger hurtigt, mens du hælder den i olien. Brug en tang og læg forsigtigt nogle af ribbenene i olien uden at trænge panden. Kog til de er gyldne og sprøde, 3 til 4 minutter. Vend ribbenene med en tang og brun, 3 minutter. Dræn ribbenene på køkkenrulle. Hold de stegte ribben varme i ovnen under resten af stegeprocessen. Serveres varm.

Lammekoteletter med artiskokker og oliven

Lammekoteletter med artiskokker og oliven

Giver 4 portioner

Alle ingredienserne i denne ret tilberedes i samme gryde, så de komplementære smage af lam, artiskokker og oliven blander sig blidt. Et godt tilbehør ville være nogle lyse grøntsager som gulerødder eller bagte tomater.

2 spsk olivenolie

8 lammeribs eller lænder, ca. 1 tomme tykke, trimmet

Salt og friskkværnet sort peber efter smag.

2 spsk olivenolie

$3$1/4 kop tør hvidvin

8 små eller 4 mellemstore artiskokker, trimmet og skåret i ottendedele

1 finthakket fed hvidløg

$1$1/2 kop små bløde sorte oliven, såsom Gaeta

1 spsk frisk hakket persille

1. Opvarm olien i en stegepande, der er stor nok til at holde ribbenene i et enkelt lag over medium varme. Dup lammet tørt. Når olien er varm, drysses ribbenene med salt og peber, og læg dem derefter i gryden. Kog indtil ribbenene er gyldenbrune, 3 til 4 minutter. Vend ribbenene med en tang for at brune den anden side, cirka 3 minutter. Overfør ribbenene til en tallerken.

2. Tænd for varmen til medium-lav. Tilsæt vinen og bring det i kog. Kog i 1 minut. Tilsæt artiskokker, hvidløg og salt og peber efter smag. Dæk gryden til og kog i 20 minutter eller indtil artiskokkerne er møre.

3. Tilsæt oliven og persille og kog i yderligere 1 minut. Kom koteletterne tilbage i gryden og steg lammet ved at vende en eller to gange, indtil det er gennemvarmet. Server straks.

Lammekoteletter med tomatsauce, kapers og ansjoser

Lammekoteletter i salsa

Giver 4 portioner

En krydret tomatsauce tilføjer smag til disse ribben i Calabrese-stil. Svinekoteletter kan også tilberedes på denne måde.

2 spsk olivenolie

8 lammekoteletter, ribben eller lænd, cirka 3/4 tomme tykke, trimmet

6 til 8 blommetomater, skrællet, frøet og hakket

4 hakkede ansjosfileter

1 spsk kapers, skyllet og hakket

2 spsk hakket frisk persille

1.Opvarm olien over middel varme i en gryde, der er stor nok til at holde ribbenene behageligt i et enkelt lag. Når olien er varm, dup ribbenene tørre. Krydr ribbenene med salt og peber, og tilsæt derefter ribbenene i gryden. Kog indtil ribbenene er gyldenbrune, cirka 4 minutter. Vend ribbenene

med en tang og brun den anden side i cirka 3 minutter.
Overfør ribbenene til en tallerken.

2.Tilsæt tomater, ansjoser og kapers til gryden. Tilsæt et nip
salt og peber efter smag. Kog i 5 minutter eller indtil den er
lidt tyk.

3.Kom ribbenene tilbage i gryden og kog dem, vend en eller to
gange i saucen, indtil de er varme og lyserøde, når de skæres
tæt på benet. Drys med persille og server med det samme.

Lammekoteletter "brænd dine fingre"

Agnello og Scottadito

Giver 4 portioner

I opskriften, der inspirerede denne ret, som kommer fra en gammel umbrisk kogebog, tilføjer finthakket prosciutto-fedt smag til lammet. De fleste kokke i dag erstatter olivenolie. Lammekoteletter er også så gode.

Formentlig kommer navnet fra tanken om, at ribben er så lækre, at man ikke kan lade være med at spise dem med det samme: varme, friske fra grillen eller fra panden.

1 1/4 kop olivenolie

2 finthakkede fed hvidløg

1 spsk frisk hakket rosmarin

1 tsk hakket frisk timian

8 lammekoteletter, ca. 1 tomme tykke, trimmet

Salt og friskkværnet sort peber

1. I en lille skål blandes olie, hvidløg, krydderurter og salt og
peber efter smag. Pensl blandingen over lammet. Dæk til og
stil på køl i 1 time.

2.· Placer risten eller grillen ca. 5 tommer fra varmekilden.
Varm grillen eller grillen op.

3. Fjern lidt af marinaden. Steg eller steg ribbenene, indtil de er
gyldenbrune og sprøde, cirka 5 minutter. Brug en tang til at
vende ribbenene og stege indtil de er gyldenbrune og let
lyserøde i midten, ca. 5 minutter mere. Serveres varm.

Grillet lam, Basilicata stil

Agnello al Spiedo

Giver 4 portioner

Basilicata er måske bedst kendt for at være med i Carlo Levis Arrested Christ at Eboli. Forfatteren malede et dystert portræt af regionen før Anden Verdenskrig, hvor mange politiske fanger blev sendt i eksil. I dag trives Basilicata, selvom den stadig er tyndt befolket, og mange turister begiver sig dertil for de smukke strande nær Maratea.

Svinekød og lam er det typiske kød i denne region, og begge er kombineret i denne opskrift. Baconen omkring lammeterningerne bliver sprød og lækker. Dette holder lammet fugtigt og giver det smag ved stegning.

11/2 pund udbenet lammelår, skåret i 2-tommers stykker

2 finthakkede fed hvidløg

1 spsk frisk hakket rosmarin

Salt og friskkværnet sort peber

4 ounce bacon, skåret i tynde skiver

11/4 kop olivenolie

2 spsk rødvinseddike

1.Placer grillen eller grillen omkring 5 tommer fra varmekilden. Varm grillen eller grillen op.

2.I en stor skål blandes lammet med hvidløg, rosmarin og salt og peber efter smag.

3.Rul baconskiverne ud. Vikl en skive bacon rundt om hvert stykke lammekød.

4.Skub lammet på træspydene, sæt baconen fast på spyddet. Placer stykkerne sammen uden at trænge sig sammen. Bland olie og eddike i en lille skål. Pensl blandingen over lammet.

5.Steg eller stuv spyddene, vend af og til, indtil de er kogte efter smag; 5-6 minutter til spyd på medium varme. Serveres varm.

Grillede lammekoteletter

Arrosticin

Giver 4 portioner

I Abruzzo marineres små lammeskank, træs på træspyd og grilles over varmt bål. De bagte stænger serveres stående i en høj kop eller kande, og alle serveres med, at bien spiser direkte fra stængerne. De er perfekte til en buffet, serveret med ristede eller stegte peberfrugter.

2 fed hvidløg

Sal

1 pund lammelår, trimmet og skåret i 3/4-tommers stykker

3 spiseskefulde ekstra jomfru olivenolie

2 spsk hakket frisk mynte

1 tsk hakket frisk timian

Friskkværnet sort peber

1. Hak hvidløget meget fint. Drys hvidløget med en knivspids salt og knus det til en fin pasta med siden af en stor, tung kokkekniv.

2. I en stor skål, smid lammet med hvidløgspasta, olie, krydderurter og salt og peber efter smag. Dæk til og lad det marinere ved stuetemperatur i 1 time eller i køleskabet i flere timer eller natten over.

3. Placer grillen eller grillen omkring 5 tommer fra varmekilden. Varm grillen eller grillen op.

4. Sæt kødet på spyd. Placer stykkerne sammen uden at trænge sig sammen. Braiser eller braiser lammet i 3 minutter, eller indtil det er brunet. Vend kødet med en tang og steg i yderligere 2-3 minutter, eller indtil det er gyldenbrunt på ydersiden, men stadig lyserødt i midten. Serveres varm.

Lammegryderet med rosmarin, mynte og hvidvin

Agnello og Humido

Giver 4 portioner

Lammeskulder er ideel til madlavning. Kødet har fugt nok til at modstå langsom, langvarig tilberedning, og selvom det er sejt, når det ikke er tilberedt, er det gaffelmørt i en gryderet. Har du kun lam på benet, kan det tilpasses gryderet opskrifter. Afhængigt af hvor benagtig den er, kan du ende med et ekstra pund eller to udbenet kød. Kog udbenet lam i cirka 30 minutter længere end udbenet, eller indtil kødet falder af benet.

21⁄2 pund udbenet lam, skåret i 2-tommers stykker

11/4 kop olivenolie

Salt og friskkværnet sort peber efter smag.

1 stort løg, hakket

4 hakkede fed hvidløg

2 spsk friskhakket rosmarin

2 spsk hakket frisk persille

1 spsk hakket frisk mynte

11/2 kop tør hvidvin

Cirka 1/2 kop oksebouillon (Kødbouillon) eller vand

2 spiseskefulde tomatpure

1.Varm olien op ved middel varme i en stor hollandsk ovn eller
en anden dyb, tung gryde med tætsluttende låg. Dup lammet
tørt med køkkenrulle. Læg så mange stykker lammekød i
gryden, som der er plads til i ét lag. Bages, under omrøring
ofte, indtil de er brune over det hele, cirka 20 minutter.
Overfør det brunede lam til en tallerken. Drys med salt og
peber. Tilbered resten af lammet på samme måde.

2.Når alt kødet er brunet, fjernes det overskydende fedt med en
ske. Tilsæt løg, hvidløg og krydderurter og bland godt. Kog
indtil løget er brunet, cirka 5 minutter.

3.Tilsæt vinen og lad det simre, skrab op og rør de brunede
stykker i bunden af gryden. Kog i 1 minut.

4.Tilsæt bouillon og tomatpure. Reducer varmen til lav. Dæk til og kog i 1 time, under omrøring af og til, eller indtil lammet er mørt. Tilsæt lidt vand, hvis saucen er for salt. Serveres varm.

Umbrisk lammegryderet med kikærtepuré

Agnelo del Colle

Giver 6 portioner

Polenta og kartoffelmos er hyppige ledsagere til gryderetter i Italien, så jeg var overrasket over at se denne gryderet serveret med kikærtepuré i Umbrien. Dåse kikærter fungerer godt, eller du kan koge tørrede kikærter i forvejen.

2 spsk olivenolie

3 pund udbenet lam, skåret i 2-tommers stykker

Salt og friskkværnet sort peber

2 finthakkede fed hvidløg

1 kop tør hvidvin

11/2 dl hakkede friske eller dåsetomater

1 pakke (10 ounce) hvide svampe, skåret i skiver

2 dåser (16 oz.) kikærter eller 5 kopper kogte kikærter

Ekstra jomfru oliven olie

1.Varm olien op ved middel varme i en stor hollandsk ovn eller en anden dyb, tung gryde med tætsluttende låg. Læg nok stykker lammekød i gryden til at passe komfortabelt i et enkelt lag. Bages, under omrøring af og til, indtil de er brune overalt, cirka 20 minutter. Overfør det brunede lam til en tallerken. Drys med salt og peber. Tilbered resten af lammet på samme måde.

2.Når alt kødet er brunet, hældes det overskydende fedt fra panden. Fordel hvidløget i gryden og steg i 1 minut. Tilsæt vin. Skrab med en træske og bland med de gyldne stykker i bunden af gryden. Bring i kog og kog i 1 minut.

3.Kom lammet tilbage i gryden. Tilsæt tomater og svampe og lad det simre. Reducer varmen til lav. Dæk til og kog under omrøring af og til i 1 1/2 time eller indtil lammet er mørt og saucen er reduceret. Hvis der er for meget væske, skal du fjerne låget i løbet af de sidste 15 minutter.

4.Lige inden servering varmes kikærter og væske op i en mellemstor gryde. Purér dem derefter i en foodprocessor eller knus dem med kartoffelmos. Tilsæt lidt ekstra jomfru olivenolie og sort peber efter smag. Genopvarm evt.

5.Til servering lægges en portion kikærter på hver tallerken. Rund grød med lammegryderet. Serveres varm.

Lam i jægerstil

Agnello alla Cacciatora

Gør 6 til 8 portioner

Romerne laver denne lammegryderet med Abacchio, et lam så ungt, at det aldrig har spist græs. Jeg synes, de hårdkogte æg smager bedst sammen med den krydrede hakkede rosmarin, eddike, hvidløg og ansjoser, der afslutter saucen.

4 pund udbenet lam, skåret i 2-tommers stykker

Salt og friskkværnet sort peber

2 spsk olivenolie

4 hakkede fed hvidløg

4 friske salvieblade

2 (2-tommer) kviste frisk rosmarin

1 kop tør hvidvin

6 ansjosfileter

1 tsk finthakket friske rosmarinblade

2 til 3 spiseskefulde vineddike

1. Tør stykkerne med køkkenrulle. Drys dem med salt og peber.

2. Varm olien op ved middel varme i en stor hollandsk ovn eller
en anden dyb, tung gryde med tætsluttende låg. Tilføj nok lam
til at passe komfortabelt i ét lag. Kog, under omrøring, til
bruning over det hele. Overfør det brunede kød til en
tallerken. Fortsæt med resten af lammet.

3. Når alt lammet er brunet, brug en ske til at fjerne det meste af
fedtet fra panden. Tilsæt halvdelen af hvidløg, salvie og
rosmarin og bland. Tilsæt vinen og kog i 1 minut, skrab op og
rør de brunede stykker i bunden af gryden med en træske.

4. Kom lammestykkerne tilbage i gryden. Reducer varmen til
lav. Dæk til og kog, under omrøring af og til, i 2 timer, eller
indtil lammet er mørt og falder af benet. Tilsæt lidt vand, hvis
væsken fordamper for hurtigt.

5. For at lave pestoen: Hak ansjoser, rosmarin og resten af
hvidløget. Læg dem i en lille skål. Tilsæt nok eddike til at
danne en pasta.

6.Rør pestoen i gryden og lad det simre i 5 minutter. Serveres varm.

Lamme-, kartoffel- og tomatgryderet

Stufato di Agnello og Verdure

Gør 4 til 6 portioner

Selvom jeg normalt bruger lammeskulder til at braisere, bruger jeg nogle gange afpuds tilovers fra benet eller benet. Disse udskæringer har en lidt sejere tekstur, men kræver mindre tilberedning og er stadig en god gryderet. Bemærk, at i denne syditalienske opskrift lægges kødet i gryden på én gang, så det kun brunes let, inden de øvrige ingredienser tilsættes.

1 stort løg, hakket

2 spsk olivenolie

2 pund udbenet ben eller lammelår, skåret i 1-tommers stykker

Salt og friskkværnet sort peber efter smag.

11/2 kop tør hvidvin

3 kopper dåsetomater, drænet og hakket

1 spsk frisk hakket rosmarin

1 pund kogende nul kartofler, skåret i 1-tommers stykker

2 gulerødder, skåret 1/2 tomme tykke

1 kop friske eller frosne ærter, delvist optøet

2 spsk hakket frisk persille

1.Steg løget i olivenolien ved middel varme i en stor hollandsk
  ovn eller en anden dyb, tung gryde med et tætsluttende låg,
  indtil det er blødt, cirka 5 minutter. Tilsæt lam. Kog, omrør
  ofte, indtil stykkerne er let brunede. Drys med salt og peber.
  Tilsæt vinen og bring det i kog.

2.Tilsæt tomater og rosmarin. Reducer varmen til lav. Dæk til
  og bag i 30 minutter.

3.Tilsæt kartofler, gulerødder og salt og peber efter smag. Lad
  det simre i yderligere 30 minutter, under omrøring af og til,
  indtil lam og kartofler er møre. Tilsæt ærterne og kog i
  yderligere 10 minutter. Drys med persille og server med det
  samme.

Lamme- og pebergryderet

Agnello Spezzato med Peperone

Giver 4 portioner

Krydderiet og sødmen af paprika og overfloden af æg gør dem til to perfekt kompatible fødevarer. Når kødet er brunet, er der ikke andet at gøre i denne opskrift end at røre i det af og til.

1 1/4 kop olivenolie

2 pund udbenet lam, skåret i 1 1/2-tommers stykker

Salt og friskkværnet sort peber efter smag.

1 1/2 kop tør hvidvin

2 mellemstore løg, skåret i skiver

1 stor rød peberfrugt

1 stor grøn peberfrugt

6 blommetomater, pillede, udsået og hakket

1.I en stor gryde eller hollandsk ovn opvarmes olien over medium varme. Dup lammet tørt. Tilføj nok lammekød til gryden, så det passer behageligt i et enkelt lag. Bages, under omrøring, indtil de er brune over det hele, cirka 20 minutter. Overfør det brunede lam til en tallerken. Fortsæt med at tilberede resten af lammet på samme måde. Drys alt kødet med salt og peber.

2.Når alt kødet er brunet, fjernes det overskydende fedt med en ske. Tilsæt vinen til gryden og rør godt, og skrab eventuelle brunede stykker op. Bring i kog.

3.Kom lammet tilbage i gryden. Tilsæt løg, peberfrugt og tomater. Reducer varmen til lav. Dæk gryden med låg og kog i halvanden time eller indtil kødet er meget mørt. Serveres varm.

Lammegryde med æg

Agnello Cacio og æg

Giver 6 portioner

Da æg og lam er forbundet med forår, er det helt naturligt at kombinere dem i opskrifter. I denne ret populær i en eller anden form i det centrale og sydlige Italien danner æg og ost en let, cremet ledsager til en lammegryderet. Dette er en typisk påskeopskrift, så hvis du vil lave den til julefrokost, skal du overføre den kogte gryderet til en flot gryderet for at tilberede og servere, før du tilføjer toppingen. Kombinationen af lammelår og skulder giver det en mere interessant tekstur.

2 spsk olivenolie

2 mellemstore løg

3 pund udbenet lammeben og skulder, trimmet og skåret i 2-tommers stykker

Salt og friskkværnet sort peber efter smag.

1 spsk finthakket rosmarin

11/2 kop hjemmelavetKødbouillonellerHønsekødssuppe, eller købt oksekød eller hønsefond

2 kopper friske ærter uden skal eller 1 (10-ounce) pakke frosne ærter, delvist optøet

3 store æg

1 spsk frisk hakket persille

11/2 kop friskrevet Roman Pecorino

1.Sæt risten i midten af ovnen. Forvarm ovnen til 425° F. Opvarm olien over medium varme i en hollandsk ovn eller en anden dyb, tung gryde med et tætsluttende låg. Tilsæt løg og lam. Kog, under omrøring af og til, indtil lammet er let brunet, cirka 20 minutter. Drys med salt og peber.

2.Tilsæt rosmarin og bouillon. Bland grundigt. Dæk til og kog under omrøring af og til i 60 minutter, eller indtil kødet er mørt. Tilsæt eventuelt lidt varmt vand, så lammet ikke tørrer ud. Tilsæt ærterne og kog i yderligere 5 minutter.

3.I en mellemstor skål piskes æg, persille, ost og salt og peber efter smag, indtil det er godt blandet. Hæld blandingen jævnt over lammet.

4.Bages uden låg i 5 minutter eller indtil æggene er stivnet. Server straks.

Lamme- eller gedekød med kartofler, siciliansk stil

Capretto eller lam i ovnen

Gør 4 til 6 portioner

Baglio Elena, nær Trapani, Sicilien, er en fungerende gård, der producerer oliven, olivenolie og andre fødevarer. Det er også en kro, hvor besøgende kan spise eller blive på ferie i den charmerende rustikke spisestue. Da jeg besøgte, blev jeg forkælet med en middag med flere retter med sicilianske specialiteter, som omfattede forskellige typer oliven på forskellige måder, fremragende salami lavet internt, forskellige grøntsager og denne enkle gryderet. Kødet og kartoflerne tilberedes i kun en lille mængde vin og saft fra kødet og grøntsagerne, hvilket skaber en symfoni af smag.

Kid er tilgængelig hos mange etniske slagtere, herunder haitiske, mellemøstlige og italienske. Det minder så meget om fårekød, at det er svært at se forskel.

3 pund udbenet ged (ged) eller lam, skåret i 2-tommers stykker

2 spsk olivenolie

Salt og friskkværnet sort peber

2 løg, skåret i tynde skiver

1 1/2 kop tør hvidvin

1/4 tsk stødt nelliker

2 (2 tommer) rosmarinkviste

1 laurbærblad

4 mellemstore kartofler til alle formål, skåret i 1-tommers stykker

2 kopper halverede cherrytomater

2 spsk hakket frisk persille

1.Sæt risten i midten af ovnen. Forvarm ovnen til 350 ° F. Opvarm olie over medium varme i en stor hollandsk ovn eller en anden dyb, tung gryde med et tætsluttende låg. Dup lammet tørt med køkkenrulle. Tilføj nok kød til at passe komfortabelt i gryden uden at trænge sig sammen. Bag stykkerne, vend med en tang, indtil de er brune over det hele, cirka 15 minutter. Overfør stykkerne til en tallerken. Fortsæt

med at tilberede resten af kødet på samme måde. Drys med
salt og peber.

2.Når alt kødet er brunet, fjernes det meste af fedtet fra panden. Tilsæt løget og steg under omrøring af og til, indtil løget er brunet, cirka 5 minutter.

3.Kom kødet tilbage i gryden. Tilsæt vinen og bring det i kog. Kog i 1 minut under omrøring med en træske. Tilsæt nelliker, rosmarin, laurbærblade og salt og peber efter smag. Dæk gryden til og sæt den i ovnen. Bages i 45 minutter.

4.Tilsæt kartofler og tomater. Dæk til og kog i yderligere 45 minutter, eller indtil kødet og kartoflerne er møre, når de gennembores med en gaffel. Drys med persille og server varm.

Tiella di Agnello

Giver 6 portioner

Lagdelte gryderetter bagt i ovnen er en specialitet fra Puglia. De kan laves med kød, fisk eller grøntsager, skiftevis med kartofler, ris eller rasp. Tiella er navnet på både tilberedningsmetoden og den type ret, som gryden tilberedes i. Den klassiske tiella er et rundt dybt fad lavet af terracotta, selvom der i dag mest bruges metalpander.

Tilberedningsmetoden er den mest usædvanlige. Ingen af ingredienserne er brunede eller forkogte. Alt lægges i lag og bages til det er blødt. Kødet bliver godt tilberedt, men stadig fugtigt og velsmagende, fordi stykkerne er omgivet af kartofler. Det nederste lag kartoffel smelter blødt og mørt og er fyldt med kød og tomatjuice, mens det øverste lag kommer sprødt ud som fritter, omend meget mere velsmagende.

Til kødet skal du bruge velskårne stykker af lammelår. Jeg køber et halvt sommerfuglet lam i supermarkedet og skærer det så i 2-3 tommer stykker derhjemme og trimmer fedtet. Den er perfekt til denne opskrift.

4 spiseskefulde olivenolie

2 pund bagte kartofler, skrællet og skåret i tynde skiver

1/2 kop tørre brødkrummer

1/2 kop friskrevet romersk Pecorino eller Parmigiano-Reggiano

1 finthakket fed hvidløg

11/2 kop hakket frisk persille

1 spsk frisk hakket rosmarin eller 1 tsk tørret

11/2 tsk tørret oregano

Salt og friskkværnet sort peber

21/2 pund udbenet lam, trimmet og skåret i 2- til 3-tommers stykker

1 cl afdryppede dåsetomater, hakkede

1 kop tør hvidvin

¹1/2 kop vand

1.Sæt risten i midten af ovnen. Forvarm ovnen til 400 ° F. Smør
en 13 x 9 x 2-tommers bageplade med 2 spsk olie. Dup
kartoflerne tørre og fordel cirka halvdelen af dem på bunden
af gryden, lidt overlappende.

2.I en mellemstor skål blandes brødkrummer, ost, hvidløg,
krydderurter og salt og peber efter smag. Fordel halvdelen af
krummeblandingen over kartoflerne. Læg krummerne ovenpå
kødet. Krydr kødet med salt og peber. Fordel tomaterne oven
på kødet. Læg de resterende kartofler ovenpå. Hæld vin og
vand i. Fordel resten af krummeblandingen ovenpå. Dryp med
de resterende 2 spsk olivenolie.

3.Bages i 11/2 til 13/4 time, eller indtil kød og kartofler er
gaffelmøre og gyldenbrune. Serveres varm.

Lammelår med kikærter

Stinco di Agnello med ceci

Giver 4 portioner

Mango kræver langsom, lang tilberedning, men når den er moden, er kødet fugtigt og smelter næsten i munden. Køber du et lammelår i supermarkedet, kan kødet kræve yderligere afpudsning. Brug en lille udbeningskniv til at skære så meget fedt af som du kan, men lad det tynde, perleagtigt udseende kødlag kaldet sølvskindet være intakt. Dette hjælper kødet med at bevare sin form under tilberedning. Jeg bruger benene til mange opskrifter, som italienerne ville lave med et mindre lammelår.

2 spsk olivenolie

4 små lammeben, skåret i tynde skiver

Salt og friskkværnet sort peber

1 lille hakket løg

2 kopper oksebouillon (Kødbouillon)

1 kop flåede, frøede og hakkede tomater

1 1/2 tsk tørret merian eller timian

4 gulerødder, skrællet og skåret i 1-tommers stykker

2 møre selleristængler, skåret i 1-tommers stykker

3 kopper eller 2 dåser (16 ounce) drænede kikærter

1. Opvarm olien over medium varme i en hollandsk ovn, der er stor nok til at holde frøplanterne i et enkelt lag, eller i en anden dyb, tung gryde med et tætsluttende låg. Dup lammebenene tørre og brune godt, cirka 15 minutter. Vip gryden og fjern overskydende fedt med en ske. Drys med salt og peber. Tilsæt løg og steg i yderligere 5 minutter.

2. Tilsæt bouillon, tomater og merian og lad det simre. Reducer varmen til lav. Dæk til og kog i 1 time, vend lejlighedsvis.

3. Tilsæt gulerod, selleri og kikærter. Bag i yderligere 30 minutter, eller indtil kødet er mørt, når det gennembores med en lille kniv. Serveres varm.

Lammelår med paprika og prosciutto

Brasato di Stinco di Agnello med Pepperoni og Prosciutto

Giver 6 portioner

I Senagalia, Marche ved Adriaterhavskysten, spiste jeg på Osteria del Tempo Perso i det historiske centrum af denne charmerende gamle bydel. Til den første ret havde jeg cappelletti, små kasketter fyldt med frisk pasta med pølse og grøntsagssauce, efterfulgt af en lammegryderet toppet med farvestrålende peberfrugter og strimler af prosciutto. I denne opskrift har jeg tilpasset gryderettens smag til lammeben.

4 spiseskefulde olivenolie

6 små lammeben, skåret i tynde skiver

Salt og friskkværnet sort peber

1 1/2 kop tør hvidvin

2-tommer kvist frisk rosmarin eller 1/2 tsk tørret

11/2 kopKødbouillon

2 røde peberfrugter, skåret i 1/2-tommers strimler

1 gul peberfrugt, skåret i 1/2-tommers strimler

1 spsk usaltet smør

2 ounce skåret importeret italiensk prosciutto, skåret i tynde strimler

2 spsk hakket frisk persille

1.Opvarm olien over middel varme i en hollandsk ovn, der er stor nok til at holde lammebenene i et enkelt lag, eller i en anden dyb, tykbundet gryde med tætsluttende låg. Dup lammebenene tørre. Brun dem grundigt, vend med en tang, i cirka 15 minutter. Vip gryden og fjern overskydende fedt med en ske. Drys med salt og peber.

2.Tilsæt vinen og kog, skrab op og rør de brunede stykker i bunden af gryden med en træske. Bring i kog og kog i 1 minut.

3.Tilsæt rosmarin og bouillon og bring væsken i kog.

4.Dæk gryden delvist. Reducer varmen til lav. Kog, vend af og til, indtil lammet er meget mørt, når det gennembores med en gaffel, ca. 11/4 til 11/2 time.

5.Mens du laver mad, kombinerer du paprika, smør og 2 spsk vand over medium varme. Dæk til og kog i 10 minutter eller indtil grøntsagerne er næsten møre.

6.Tilsæt blødgjort paprika og skinke med persille til lammet. Kog uden låg over medium varme, indtil peberfrugterne er bløde, cirka 5 minutter.

7.Brug en ske til at overføre bønner og peberfrugt til den opvarmede gryde. Dæk til og hold varmt. Hvis væsken, der er tilbage i gryden, er for tynd, øger du varmen til høj og koger, indtil den reducerer og tykner lidt. Test og juster sessionen. Hæld saucen over lammet og server med det samme.

Lammelår med kapers og oliven

Stinchi di Agnello med Capper og oliven

Giver 4 portioner

På Sardinien bruger man normalt gedekød til denne ret. Smagen af lam og ged er meget ens, så lammelår er en god erstatning og meget nemmere at finde.

2 spsk olivenolie

4 små lammeben, skåret i tynde skiver

Salt og friskkværnet sort peber

1 mellemstor løg, hakket

3 1/4 kop tør hvidvin

1 kop friske eller dåse tomater, skrællet, frøet og hakket

1 1/2 kop udstenede sorte oliven, såsom Gaeta, hakket

2 finthakkede fed hvidløg

2 spsk kapers, skyllet og hakket

2 spsk hakket frisk persille

1. Opvarm olien over medium varme i en hollandsk ovn, der er stor nok til at holde frøplanterne i et enkelt lag, eller i en anden dyb, tung gryde med et tætsluttende låg. Dup lammet tørt og brun det godt. Fjern overskydende fedt med en ske. Drys med salt og peber.

2. Arranger løget rundt om lammet og steg indtil løget er blødt, cirka 5 minutter. Tilsæt vinen og kog i 1 minut. Tilsæt tomaterne og lad det simre. Reducer varmen til lav og dæk gryden med et låg. Kog i 1 til 11/2 time, vend benene af og til, indtil kødet er meget mørt, når det stikkes med en kniv.

3. Tilsæt oliven, hvidløg, kapers og persille og kog i yderligere 5 minutter, vend kødet, så det dækker saucen. Serveres varm.